U0056432

幼兒園 遊戲課程

（第三版）

黃瑞琴　著

黃瑞琴

美國奧瑞崗大學哲學博士（課程與教學）

國立臺灣師範大學家政教育研究所碩士（幼兒教育）

國立臺灣師範大學教育學系學士

國立臺北教育大學幼兒與家庭教育學系退休教授

　　本書最初之名稱是《幼稚園的遊戲課程》，初版於 1992 年；約九年後，於 2001 年更改書名為《幼兒遊戲課程》，將原書行文和內容稍加修訂，以涵蓋適用於當時幼稚園和托兒所幼兒的遊戲課程；接著約十年後於 2011 年二版的修訂重點，是從遊戲遇見幼兒課程的概念取向，進一步論述遊戲在幼兒園課程發展的概念基礎；至於這次修訂的重點，則是參酌 2016 年公布之我國「幼兒園教保活動課程大綱」的架構概念，運用於幼兒園層級之遊戲課程設計。

　　本書由初版至今二十多年來，書中內容和文字雖有所修訂，但寫書的主旨仍是不改初衷，認為遊戲是童年生活的核心經驗，本書主旨即在探究如何將幼兒原本在家裡和日常生活悠遊度過的遊戲童年，保留和延伸於幼兒園的課程，讓幼兒在幼兒園得以享有其童年原來享有的遊戲經驗。本書從遊戲和課程概念相遇的觀點，探究如何在一般幼兒園的日常課程發展和實施過程中，提供幼兒遊戲的空間和遊戲的時間，而幼教老師則是幼兒的童年玩伴，從旁引導幼兒的發展與學習。本書的撰寫，主要參照與分析有關遊戲和幼兒課程的文獻，原文使用幼稚園的用詞均以保留，其中論述有疏漏之處，尚祈讀者先進不吝賜教。

　　筆者撰寫本書時，懷想著自己童年在家裡、榻榻米上、前院花園、後院菜圃、防空洞、小溪邊的遊戲經驗，能如此盡興與難以忘懷，真是衷心感謝：親愛和敬愛的祖母、父親、母親的接納、包容、賜予的遊戲情境。這樣接納孩子盡興地在遊戲中成長的態度，亦即是本書探究幼兒遊戲課程的最初原動力。

黃瑞琴

第一章

引言：當遊戲遇見幼兒課程

　　遊戲，在幼兒教育領域具有重要的意義（Johnson, Christie, & Wardle, 2005; Saracho & Spodek, 1998），遊戲是兒童成長過程中自然存在的現象和需要，世界各地的兒童以各種方式在遊戲（Middleton, 1970; Roopnarine, Johnson, & Hooper, 1994; Schwartzman, 1978）。在臺灣的兒童，長久以來即在家裡、庭院、野外、田間、河邊、巷道、公園、樹下等各式各樣生活情境中，可能自己一個人、三三兩兩、呼朋引伴玩在一起，不拘形式的、隨興的遊戲情節自然地開展；遊戲的素材都是從大自然或生活事物中就地取材，例如：用林投葉做喇叭、榕樹葉做笛子、玩荷葉傘、捏泥巴、跳橡皮筋、跳房子、捉迷藏、打彈珠、騎竹馬、拋米袋、拼七巧板、玩紙牌、摺紙、扮家家等（漢聲雜誌社，1978）。在漫長的世代，人類的新生一代又接一代，就在這些遊戲的歡樂和智慧中長大成人。

　　然而，在人類現代化的過程中，由於社會變遷、工商業發達、家庭經濟的需要、婦女教育程度提高及角色的改變、父母親都要外出工作、小家庭中沒有成人照顧幼兒，或幼兒在家裡沒有玩伴等諸多因素，使得原來可能每天在家裡和日常生活中嬉戲成長的幼兒，常被送入幼教機構接受學前教育，半天或全天生活在一個幼兒團體中，並和被稱為老師的成人一起度過他們人生初期的童年生活。在這樣外在的社會演變趨勢中，如何同時關注幼兒遊戲的自然傾向和需要，將原本屬於童年的遊戲經驗保留和延伸於幼教機構的日常課程中，即是本書探究的主要課題。

　　幼稚園的創始者Froebel強調遊戲在幼兒教育課程中的地位，認為幼稚園裡的

遊戲是幼兒在家裡與母親遊戲的延伸（Scales, Almy, Nicolopoulou, & Ervin-Tripp, 1991）。在日常的家居生活中，幼兒的遊戲原是隨時隨地皆可自發產生、不拘形式的，幼兒可能自己一個人玩、和家人玩，或是和鄰居小朋友玩在一起，遊戲的素材可能從日常生活事物和經驗中隨意取材。例如，以下是筆者的孩子佳諾（化名）兩歲多時，在家裡或出外玩各種「車子」的情景：

玩汽車玩具：佳諾剛滿兩歲時，小表哥來家裡和佳諾玩，帶來餐廳贈送的一個透明塑膠玩具車，還將車子留下送給佳諾玩，這是佳諾擁有的第一部玩具車。他在家裡經常隨身拿著這部車子在牆壁上、鋁門窗玻璃、紗網門窗、磁磚地板、桌面、斜放的書面、床墊上、浴缸裡，甚至馬桶座邊緣等處到處滑動，同時稍側著頭，透過透明的塑膠車體，注意看著車輪的轉動。佳諾一早起床，常即隨手拿著車子喝奶，晚上睡覺時帶著車子上床，先拿著車在床墊或床頭板上滑動一陣子才要睡覺，洗澡時帶著車子到浴缸裡沖水，有時也帶著這部玩具車外出。

玩小火車玩具：接著小表哥又陸續送給佳諾一些不同造型的玩具車，例如以磁鐵連結的木製小火車，佳諾在兩歲一個月剛開始玩時，還未察覺磁鐵的性能，只是隨意重複排放著個別的火車頭或車廂；約兩個月之後（兩歲三個月），他才試著連結車廂，如看到車廂一邊的磁鐵接不上，會轉換車廂另一邊試試看，或是換拿另一個車廂試試看。佳諾外出坐車過隧道時，總是顯得很興奮和驚奇，晚上睡覺前在床上玩時，媽媽就幫他用樂高積木拼成三個ㄇ字型的隧道，他將三個隧道併排成一行（ㄇㄇㄇ），一手推著一列火車穿過其中一個隧道，另一手則在隧道另一邊接著拉火車，再轉回來穿過另一個隧道；佳諾在三歲之前，常喜歡在床上或地板上玩這樣的火車過隧道遊戲；出外到百貨公司的玩具部，也最喜歡去看櫥窗裡展示正在行進的電動火車。

玩吊車玩具：佳諾兩歲半時，家門前的巷子在鋪路，常有挖土機或吊車出入，佳諾倚在陽臺的窗口看挖土機和吊車工作的情形，常看得不肯離開；有時出外或在電視上看到挖土機或吊車，也興奮地指著叫著。佳諾隨著也出現用玩具小卡車裝載一些東西、再倒出東西的玩法，還喜歡玩爸爸幫他用一長條毛線綁著一個樂

高積木做成的吊車形式，他站在餐桌椅上，毛線沿著椅背垂下，再往上拉著線，像是用吊車吊起東西（積木）的樣子。

玩手推車：媽媽帶佳諾外出時常帶著手推的嬰兒車，但他常不要坐上車，而喜歡由他自己高舉著手臂、握著車的把手推著車，走在街道旁、騎樓、巷道、公園步道或中庭廣場，尤其看到斜坡，就特意要推著車走上斜坡，再走下來。有時媽媽將手推車拿到家裡讓他玩，並將親友送的米老鼠、白兔、小熊等布偶放在車上，讓他推著布偶走；之前本來他都不玩這些布偶，之後他就常自己將所有布偶都堆放在車上，推著布偶走來走去，或是自己也坐上車，和所有布偶一起擠在車上，或是自己坐在車子前下方的墊腳帶子上，兩腳著地用力往前後左右滑動。另一種手推車是媽媽外出購物或倒垃圾的手推車，有時佳諾跟著媽媽出去，也搶著要推拉手推車，遇到路面有斜坡，就笑著放手讓車子從高處自行往下滑。

開車、轉方向盤：佳諾約兩歲半外出時，開始很喜歡坐在投幣電動車上轉動著方向盤，玩開車的遊戲，有時開了將近一個鐘頭，他都意猶未盡，不肯下車。外出到公園玩，滑梯上常附有可轉動的方向盤，佳諾也常喜歡去轉動這個方向盤。隨著這些開車、轉動方向盤的經驗，佳諾即經常出現兩手隨興拿著一個圓形的東西，例如餐盤、盒罐的蓋子、各種大小瓶蓋、小電扇、腳踏車倒放懸空的輪子等，扮演起轉動方向盤的動作，在客廳或各個房間走來走去，有時還唸著「叭叭叭」、「開車、開車、過隧道、過隧道」，媽媽問他開去哪裡？開什麼車？他說：「家裡、高雄、新竹」、「捷運、遊覽車」，說的都是他去過的地方、坐過的車。

捷運：在大臺北地區坐捷運對佳諾而言，就像是在遊樂場坐大型電動玩具車一樣，佳諾坐捷運時，喜歡倚在窗口向外看沿路的景物，唸著「這是我們家、科技大樓、婆婆家、SOGO」等這些他熟悉的地點，有時還能預知說快要過山洞了。在捷運站上下車時，佳諾喜歡自己按購票機的按鈕、投幣、取車票，通過驗票門時，也要由他自己插入和取回票卡。佳諾在家即經常隨手拿著用過的捷運票卡，把玩著觀看票卡上的圖案。媽媽幫他用積木拼接成類似捷運票卡的插口，他插入票卡時，還仔細查看卡上的箭頭方向，或先走到牆角按一下，像在按購票的按鈕一樣。

　　騎腳踏車：佳諾兩歲七個月時買了一部帶著輔助輪的三輪腳踏車，先放在家裡客廳玩，他試著兩腳踩著踏板、上下重複蹭動，發現自己會讓車動起來，得意地笑著，還故意一面搖動著龍頭、一面發聲哼唱著，騎到牆角處，還會轉個彎再騎出來。之後，還出現一些變化的玩法，例如：用小紙袋裝玩具掛在車把手上，搖動著車把騎車，讓小紙袋晃動著；將小鈴鐺掛在車把手上，搖動著車把騎車，讓鈴鐺碰撞出聲；繞著餐桌椅、轉著圈圈騎車；在地板上排列電扇、鞋子等東西當作障礙物，騎車轉彎繞行於這些障礙物之間；在家裡的各個房間之間，進進出出騎車；騎車時試著放開一手或雙手；拿一把鑰匙插在腳踏車的空隙並轉動著，好像爸爸開車時都要先拿鑰匙發動車子一樣。之後到外面廣場騎車，他還試著追趕其他騎車的小朋友。

　　如果兩、三歲的佳諾開始進入了幼兒園的團體生活，原本在家居生活中如上述這樣喜歡玩車子的遊戲興趣和需要，也隨著遇見了幼兒園的課程，佳諾原本在家裡與母親一起玩遊戲的經驗，是否能如前述福祿貝爾所言，延伸至幼兒園的課程，將取決於遊戲在幼兒園的課程中如何定位。課程設計通常基於兩個層面，一是理論基礎，二是方法技術（黃政傑，1991：86），本書即從這兩個層面，探究遊戲遇見了幼兒園的課程，如何在幼兒園課程的理論概念和實施過程中定位。

　　參照《幼兒教育及照顧法》（教育部，2013），本書所謂之「幼兒園」是指日常提供二歲以上至入國民小學前幼兒之教育及照顧服務的機構，在幼兒園服務之園長、教師、教保員及助理教保員稱為教保服務人員；而本書行文通稱之幼兒園教師，可廣義包括在幼兒園服務之教保服務人員。本書所謂「遊戲課程」則是指將遊戲融合在課程中，遊戲在課程中有其位置、有其定位。本書各章探究的方向和重點，第二章和第三章是論述遊戲如何在幼兒教育課程的理論概念中定位，以闡明幼兒園遊戲課程發展的概念取向；第四章至第九章是論述遊戲如何在幼兒教育課程的實施過程中定位，以闡明幼兒園遊戲課程的實施方法。

　　在遊戲課程的理論概念方面，首先涉及遊戲的概念為何，而遊戲遇見幼兒園的課程時，又涉及課程的概念為何。教育工作者如何理解課程此一概念，並賦予

課程不同的定義時，課程設計與實施也有所轉變（黃顯華、徐慧璇，2006）；有鑑於此，本書第二章先從學理概念上探究遊戲在課程概念中如何定位，接著第三章探究遊戲概念在幼兒課程發展中如何定位。換言之，第二章和第三章先探究遊戲概念遇見課程概念之際，在課程發展時會引發和轉變如何的概念火花，藉以展現遊戲在幼兒課程中定位之視野。

在遊戲課程的方法技術方面，如前述佳諾在家居生活中玩各種車子的情景，涉及幼兒在哪裡玩、玩什麼（在客廳、床上、浴室、捷運站、街道、公園等玩玩具車、小火車、手推車、電動車、捷運、腳踏車等）、什麼時候玩（一早起床時、晚上睡覺前、外出時、日常隨時都在玩）、媽媽如何和他玩（媽媽陪他玩、幫他拼積木）、在玩些什麼（玩有關車子的各種主題經驗），以及幼兒在玩的過程中學習和發展些什麼（玩車子時的動作、口語、發現、想像、心情等）。這些遊戲的情景延伸至幼兒園的課程，即形成幼兒園遊戲課程的實施過程，包括在哪裡玩（遊戲空間）、什麼時候玩（遊戲時間）、成人如何與幼兒玩（教師的工作）、玩些什麼（遊戲經驗），以及幼兒在玩的過程中學習些什麼（遊戲中的評量）。因此延續在第二章和第三章所論的遊戲課程概念視野中，本書第四章至第九章接著論述當遊戲遇見幼兒園的課程時，幼兒園教師如何規劃遊戲的空間、如何提供遊戲的時間、遊戲中的教師工作為何、如何計畫幼兒的遊戲經驗，以及如何進行遊戲中的幼兒評量。

第二章

遊戲遇見課程概念的取向

　　幼教界對於遊戲與課程的一般概念，有的認為幼兒是透過遊戲來學習，遊戲是幼兒學習的方法，而有的則認為遊戲是課程的一個領域（盧素碧，1990）。幼教界爭論遊戲是屬於幼兒課程的領域內容或型態方法，涉及遊戲與課程的基本概念與取向，因此本章先檢視所謂遊戲是一種領域內容或是型態方法，兩者在遊戲的基本概念上有何不同的意義，再參照課程的領域內容或型態方法的概念取向，歸納分析遊戲遇見不同的課程概念取向之時如何轉變不同的遊戲概念。

壹、遊戲概念的取向

　　有關遊戲的理論概念，20世紀初期的古典理論著重於解釋遊戲的全面目的，20世紀後半期現代理論主導著有關遊戲的觀點，強調以客觀理性的科學方法研究遊戲在兒童發展的角色，兒童遊戲常被視為普遍性的、有特定的遊戲發展階段；接著後現代理論強調多元性、個人主觀性以及知識的相對性，遊戲的概念也趨向於相對性和社會文化的脈絡性（Johnson et al., 2005: 33）。所謂現代主義強調固定的意義、封閉的結構與簡單精確的秩序；後現代主義則支持差異、多元與複雜，強調嬉戲的（ludic）遊戲（黃永和，2001：11-14）。以下先分別論述古典的遊戲理論、現代心理學的遊戲理論概念、後現代的遊戲理論概念，再歸納分析遊戲是領域內容或型態方法之遊戲概念取向。

一、古典的遊戲理論

傳統上人們對於遊戲的一般看法，反映在四種古典的遊戲理論（Rubin, Fein, & Vandenberg, 1983）：

1. 過剩精力論：認為遊戲是個體發洩和消耗其過剩精力的過程，當個體在工作之餘仍有過多的精力可資運用時，遊戲活動即會產生。
2. 鬆弛論：認為遊戲是人類鬆弛心理疲累和壓力的休閒活動。
3. 複演論：遊戲是複製或重演人類的進化史，就如由低等動物演化而來；例如，攀爬樹木就如同猿猴祖宗的現象，幫團遊戲則如同原始部落生活的雛形。
4. 練習論：遊戲是個體練習和準備未來成年生活所需的技能，例如，幼兒扮家家酒，也是在練習其未來為人父母的技巧。

這四種古典的遊戲理論，過剩精力論和鬆弛論認為遊戲是無目的、非生產性的行為，練習論強調遊戲是求生存的方式，複演論則試圖解釋遊戲的階段性發展。

二、現代心理學的遊戲理論概念

約從 1970 年代起，隨著兒童教育的發展，有關兒童遊戲的研究急速增加，Rubin 等人（1983）歸納現代心理學家和其他行為科學家在定義遊戲概念時，基本上有三種不同的取向（approaches）：

1. 遊戲是特質（play as a disposition）：著重於兒童為什麼玩，遊戲的特質主要是內在動機引起、積極參與、不受外加規則的限制、注重方式而非結果。
2. 遊戲是可觀察的行為（play as observable behavior）：著重於兒童怎麼玩，將遊戲分為認知或社會的行為觀察類別。
3. 遊戲是脈絡（play as context）：著重於兒童在哪裡玩，意指在可被描述和特意安排的遊戲環境，即可藉以產生特別的行為型態，其中有些行為可能

即是遊戲。

綜合而言，遊戲即是一種行為的特質，發生在可被描述和可再生的情境，表現在各種可被觀察的行為當中。參照上述定義遊戲概念的三種取向，如將遊戲定義為一種特質，即傾向於將遊戲視為一種方法型態，其方法須具有讓遊戲者自發、愉快、開放、積極參與的心理特質；如將遊戲定義為可觀察的行為，即傾向於將遊戲視為一種內容類別，其內容是可觀察的各種遊戲行為類別，並安排可藉以產生遊戲行為的遊戲環境。然而，這三種定義遊戲概念的取向，皆有以下需要再加詮釋之處。

（一）遊戲是特質

現代心理學文獻中有關遊戲是特質（Christie & Johnsen, 1983; Garvey, 1991; Rubin et al., 1983; Smith, 1988），可歸納為下列六項：

1. 遊戲是由內在動機引起，是自動自發、自我產生、自由選擇的一種特別的神經系統或心理的狀態。
2. 遊戲需要熱烈參與、積極投入，帶有正面的情感，不是嚴肅的。
3. 遊戲是有彈性的，不受外在規則的限制，但遊戲本身常有其內在規則，可由兒童自行協調訂定。
4. 遊戲著重於方式和過程，而非目的和結果，遊戲的方式可隨著情境而隨意變換，其目的是隨著遊戲者自我的願望產生或改變，而非他人強加的。
5. 遊戲是不求實際的，在一個遊戲架構中，內在的現實超越了外在的現實，兒童常運用假裝（as if）的方式呈現不求實際的行為，而超越此地和此時的限制，這個特質特別是針對遊戲的假裝行為。
6. 遊戲不同於探索行為，遊戲著重於自我主導的問題，在遊戲中關心的問題是：「我能用這個東西做什麼？」答案是：「做我想做的任何事情」；探索是被刺激所支配，著重於想要瞭解物品的特徵，在探索中關心的問題是：「這個東西是什麼？它能做什麼？」在一個情境中，探索常先發生，以瞭解陌生或不熟悉的物品，遊戲則發生於探索之後，是針對已熟悉的情

境和物品,產生刺激和維持覺醒的程度。

上述遊戲特質是分辨遊戲的主要因素,這些因素反映不同的遊戲理論觀點,遊戲的定義是參照符合特質的數量,被視為相對的「較多或較少遊戲」(more or less play),而非絕對的「是遊戲或不是遊戲」(play or nonplay)(Rubin et al., 1983)。因此如將遊戲視為一種方法型態,這種方法的特質是相對而非絕對的,有關遊戲特質的內在動機引起、積極參與、不受外加規則限制、注重方式而非結果等因素不是全有或全無,而是具有其中多少類的因素,或每類因素有多少程度上的不同。

上述列舉之遊戲的意義,首先強調遊戲是由內在動機引起,是自動自發、自由選擇的。關於幼兒遊戲的內在動機(為什麼玩),主要有三種來源(Gottfried, 1985):

1. 認知的矛盾:幼兒是好奇的,喜歡探索新的事物,常被不一致和複雜的事物所吸引,遊戲即引發自這些認知的矛盾。

2. 能力/精熟:按照此觀點,遊戲乃是幼兒控制環境的方法,透過遊戲,幼兒學習他們能造成事物的發生或改變,幼兒開始看到他們所做的事如何產生結果,並開始察覺他們的行為責任。

3 歸因:當幼兒是由自我引發動機的,他們即享受遊戲活動的本身,而不是為獲得外在的獎賞。

再者,第二項特質強調遊戲的熱烈參與和正面情感,有的研究者(Lieberman, 1977)即將遊戲定義為呈現歡樂和自發性的「玩性」(playfulness),是兒童藉以表現遊戲行為的人格層面,包括下列五個特徵:

1. 明顯的歡樂:笑、表現快樂的樂趣。

2. 幽默感:覺知好笑的事件、察覺有趣的情境、輕微的嘲弄。

3. 身體的自發性:充滿活力、全部或部分身體的協調運動。

4. 認知的自發性:想像、創造和思考的彈性。

5. 社會的自發性:與別人相處和進出團體的能力。

至於最後一項列舉之遊戲意義,強調遊戲不同於探索行為,探索常先發生,

遊戲則發生於探索之後。然而，幼兒在一個遊戲情境中，自我和物品之間常是持續地互動，自然是由陌生而逐漸熟稔、由探索而至遊戲，兩者之間常無明顯的界限，因此探索和遊戲常被相提並論，或共同稱之為「探索遊戲」（exploratory play），或將遊戲視為一種廣泛的探索（Sponseller, 1982; Vandenberg, 1986）。因此，廣義言之，在幼兒園的幼兒遊戲，可廣泛地包括各種幼兒自發產生、自由選擇、彈性發展，並且樂在其中的探索活動。

（二）遊戲是可觀察的行為

有關遊戲是可觀察的行為類別，最常見的分類是從認知發展和社會發展的觀點，分析各種遊戲型態和行為的特定類別，做為觀察的規準。從認知發展的觀點，Piaget（1962）將遊戲分為三類：練習遊戲（practice play）、象徵遊戲（symbolic play）和規則遊戲（games with rules）。Smilansky（1968）參照 Piaget 的分類，將認知性遊戲修訂為四類，其中將練習遊戲稱之為功能遊戲（functional play），在練習遊戲和象徵遊戲之間加入建構遊戲（constructive play），象徵遊戲則改稱為戲劇遊戲（dramatic play），以及最後發展的規則遊戲。以下簡述這四類遊戲的意義：

1. 練習遊戲或功能遊戲：出生至二歲期間，處於感覺動作期的幼兒經常從事某種重複性的肌肉運動，例如：來回跑和跳、反覆抓取東西和操弄玩具、無目的地操弄物品或材料、非正式的遊戲（遊行）等，以滿足其感官上的愉快。

2. 建構遊戲：約從二歲起，幼兒開始使用各種物品（如：積木、樂高積木）或材料（如：沙、黏土、顏料畫），有目的地做某些東西；隨著年齡的增長，幼兒常能持久地進行結構性的創作，例如用大積木搭建城堡、用黏土構成迷宮。

3. 象徵遊戲或戲劇遊戲：二歲至七歲期間，兒童處於認知發展的運思前期，表徵（representational）能力逐漸展現，即開始從事假裝（as if）的想像遊戲，扮演各種角色的情境、對話或行動。幼兒在二、三歲時，戲劇遊戲常

是獨自進行的，自三歲以後，就漸趨於多人一起進行的社會戲劇遊戲（sociodramatic play），遊戲的主題是由兩人以上共同協調，彼此透過語言和行動產生交互作用，常見的扮家家即是典型的社會戲劇遊戲方式。

4. 規則遊戲：七歲至十一歲期間，兒童處於具體運思期，認知和接受規則的能力增加，即從事較多具有規則性的遊戲，例如：捉迷藏、打彈珠、下棋、玩足球等，參與遊戲者需共同約定和遵守遊戲的規則和玩法。

另一方面，Parten（1932）則從社會發展的觀點觀察兒童的社會性遊戲，發現幼兒在三歲以前多出現無所事事的行為（unoccupied behavior）、旁觀行為（onlooker behavior）、單獨遊戲（solitary play）、平行遊戲（parallel play），以後隨著年齡增長，而從事較多的聯合遊戲（associative play）和合作遊戲（cooperative play），這些行為和遊戲的意義簡述如下：

1. 無所事事的行為：閒坐、原地跳動或到處閒逛，沒有做什麼特定的事情。

2. 旁觀行為：在一旁觀看別人玩或和他們說話，但沒有參與其中。

3. 單獨遊戲（二歲至二歲半）：獨自一個人玩，玩的材料和鄰近兒童玩的不同，沒有和別人交談。

4. 平行遊戲（二歲半至三歲半）：玩的玩具和從事的活動和身旁的兒童類似或相同，但沒有意圖和身旁的兒童一起玩。

5. 聯合遊戲（三歲半至四歲半）：和其他兒童一起玩，彼此間偶有簡短的交談或相互借用玩具，但彼此間沒有分工，也沒有共同的目標，仍以個人的興趣為導向。

6. 合作遊戲（四歲半以後）：和其他兒童一起玩，彼此之間有著共同的遊戲目標。

Rubin、Watson 和 Jambor（1978）即將前述之認知遊戲的四個層次（功能、建構、戲劇和規則遊戲），和修訂之社會遊戲的三個層次（單獨、平行和團體遊戲），交互結合成為 12 個「社會—認知」成分的類別（參見表 2-1「遊戲的『社會—認知』類別」），藉以同時觀察兒童遊戲行為的認知和社會層次。

然而，針對上述有關遊戲是行為類別的概念，Reifel 和 Yeatman（1993）研究

表2-1　遊戲的「社會—認知」類別

	單獨	平行	團體
功能	單獨—功能	平行—功能	團體—功能
建構	單獨—建構	平行—建構	團體—建構
戲劇	單獨—戲劇	平行—戲劇	團體—戲劇
規則	單獨—規則	平行—規則	團體—規則

資料來源：引自 Rubin, Watson, & Jambor（1978）

指出這樣的遊戲分類（category），忽略了遊戲的脈絡性（context），因為在連續的時間過程中，幼兒快速而流暢地在不同的遊戲類別進進出出，實無法加以分割歸類為單一的遊戲行為類別；例如常見的繪畫，幼兒可呈現所有社會性和認知性的遊戲行為，包括單獨、平行、聯合或合作地操弄或建構繪畫材料、象徵的社會戲劇遊戲和輪流的規則遊戲；又例如幼兒的打鬧遊戲、開玩笑和語言遊戲，以及和成人玩的遊戲，常無法做內容的單一歸類。因此幼兒園教室的遊戲宜被視為脈絡的架構（contextual frame），在時間的連續性中，遊戲持續涉及的元素包括：

1. 可供選擇的遊戲材料：材料建議何種遊戲，例如辦家家或積木的創造。
2. 社會友伴的關係：協商遊戲的想法、友誼和衝突可供遊戲的轉換。
3. 真實世界的生活經驗：生活中情緒和事件的扮演、教室中書籍或學習單元呈現的主題。
4. 遊戲決定：材料和玩伴的選擇。
5. 遊戲的持續時間：一個遊戲架構如何影響次一個遊戲架構、一天的遊戲和經驗如何影響之後的遊戲。

（三）遊戲是脈絡

Reifel 和 Yeatman（1993）將遊戲視為脈絡的架構，不僅超越了遊戲是行為類別的概念，亦超越了前述傳統科學研究在「遊戲是脈絡」的較狹隘概念，其僅指可被描述和特意安排的遊戲環境，例如玩具、熟悉的玩伴、友善的氣氛、成人最

少的干擾、兒童可自由選擇等（Rubin et al., 1983）。

如進一步參照兒童智能發展的脈絡傾向（contextual trends）（Ceci, 1993），兒童智能發展過程須經由物理脈絡（physical context）、社會脈絡（social context）、心智脈絡（mental context），以及文化歷史脈絡（culture-historical context）；物理脈絡是形成學習情境的外在條件，如光線、色彩或教室布置等，提供兒童學習的機會；兒童在成長過程中建立認知結構，並運用既有的認知結構來表徵外界的刺激，此表徵系統即是個體的心智脈絡；兒童建構知識所在的社會和文化歷史脈絡，會影響兒童與他人互動的想法和價值觀，兒童常主動建構對其有意義和有興趣的訊息。

這四項兒童智能發展的脈絡延伸至遊戲是脈絡的架構，在物理脈絡方面，參照遊戲之警覺（arousal）理論，個體的中央神經系統常欲維持最適宜的警覺程度，如這個程度因外界的新奇事物而提高，個體即欲增加刺激藉以降低警覺程度，當刺激不夠，遊戲便開始，遊戲即是一種尋找刺激的行為，讓身體保持在最適宜的警覺程度。外在環境的新奇、複雜，或易操弄的特質，即促使幼兒在特定時間內使用特定的玩物（Hughes, 2010: 22）。再根據遊戲之警覺理論，幼兒會經由探索新奇的事物，想要知道「這個東西是做什麼的？」，進而玩這個東西，想要知道「我可以用這個東西做什麼？」（Hutt, 1976）；在心智脈絡方面，根據遊戲之內在動機來源（Gottfried, 1985），幼兒遊戲的動機除了享受活動、內在滿足之外，由於認知失調引發之好奇、喜歡探索新奇、複雜的、不協調事物，以及感覺自己可讓事物如何發生或改變之精熟和我能感，即形成遊戲之心智脈絡；兒童日常所處的社會環境和更廣泛的歷史文化，則是形成其遊戲內容和方式的背景因素。

對照兒童智能發展的脈絡傾向，傳統科學研究之遊戲脈絡的概念，僅注意到外在的物理情境（如玩具）和社會情境（如玩伴），至於 Reifel 和 Yeatman 提出之遊戲為脈絡架構的概念，則涵蓋了上述四項遊戲的脈絡，即除了包括物理脈絡（如遊戲材料）、社會脈絡（如友伴關係），並擴展至心智脈絡（如扮演和轉換的表徵），以及文化歷史脈絡（如真實世界的生活經驗）。

三、後現代的遊戲理論概念

有關遊戲概念的相對性和脈絡性，更進一步顯現於著重多元性、社會正義、知識相對性之後現代理論的遊戲觀點。後現代理論的遊戲觀點強調遊戲的社會文化意義，批判在遊戲中權力（power）的不平等，並指出遊戲的特徵反映世界是複雜的、不可預測的、似乎是混沌（chaos）的性能（Johnson et al., 2005: 47-50）。

（一）遊戲的多重意義

後現代理論主張知識的相對性和多元性，對於遊戲的概念亦有相對不同的觀點解釋，例如 Sutton-Smith（2001）提出遊戲的多重意義（ambiguity of play），認為遊戲的分析和理解須參照遊戲的修辭學（rhetorics of play）各自的假定和價值，例如教育學或心理學通常主張遊戲即進展（play as progress），著重於兒童從遊戲中學習有用的事情；社會學、人類學或文化心理學主張遊戲即權力（play as power），通常應用在運動和節慶中的權力行使、轉換和抗拒。例如當看到幼兒玩打鬧遊戲時，持著遊戲即進展之概念者，會從發展的觀點解釋幼兒從打鬧遊戲行為中學習的事情，而持著遊戲即權力之概念者，會從權力的位置解釋在遊戲中誰有或誰沒有權力（Johnson et al., 2005: 46）。

（二）遊戲的混沌性能

遊戲的相對性和多元概念，亦顯現於遊戲具有之混沌性能（Vander Ven, 1998），包括：(1)表徵的／象徵的：遊戲是一個理想的表徵媒介，讓遊戲者用一個事物代表另一個事物，因此經驗到混沌的內容和概念；(2)產生意義：遊戲是對個人產生意義，讓遊戲者從連結各方面的經驗中建構出個人的意義；(3)動力：遊戲是有動力的，遊戲的本質包含連續的變化；(4)連合：遊戲讓遊戲者能連結主題、情境和個人角色；(5)創造性的：遊戲是創造性的，讓遊戲者在遊戲的聯合和統整過程中，發展和反映擴散性的創意思考，產生新型態和形貌的建構。遊戲的

混沌性讓幼兒得以學習如何發現、整理和評價所需要的資料，並藉以因應一個複雜、快速改變、混沌的世界。

（三）遊戲中的權力

兒童自身對於遊戲的觀點，即顯示了遊戲中師生權力的不平等，例如參照King（1979）的研究，發現幼稚園兒童認為自己選擇去玩的活動才是遊戲（符合遊戲是自發產生的定義），而如果是老師指定他們去玩的活動，那就變成工作了；接著，King（1982）研究發現小學五年級的兒童區分遊戲或工作，自我的選擇和控制即不再重要，而是有趣和愉快變成區分遊戲或工作的主要考慮因素。

又例如，Wing（1995）以參與觀察和深度訪談的方法，探究幼稚園和一、二年級小學生對於教室活動的覺察，傾向於是遊戲、是工作，或是遊戲與工作之間，研究發現兒童對於遊戲或工作的區分，涉及教室活動的性質、與兒童相關的成分、與教師相關的因素（參見圖2-1「兒童覺察的工作——遊戲連續線」），其中主要區分的指標是：是否被指定或被要求去做（動機）、是否有成人的介入和期望（成人目標）、是否一定要完成（結果評量）。參照兒童遊戲觀點的更多研究（Dockett & Meckley, 2007; Factor, 2009; Howard, 2010），亦發現兒童所認可的遊戲主要著重於他們自己的選擇、活動和自由，而不是來自成人的選擇、工具性目標、期望和指示的工作。

從批判的教育理論解釋上述兒童遊戲觀點的研究，同一個活動是遊戲或是工作，對於幼稚園或小學一、二年級兒童而言（King, 1979; Wing, 1995），是取決於誰有控制此活動的權力；然而對於小學五年級兒童而言（King, 1982），或許多年的學校生活已讓較年長的兒童接受他們在學校活動中很少有權力或控制的事實，因此五年級兒童放棄了自由的選擇，而是專注於活動的情緒結果，如果老師控制的活動是有趣的，此活動即被視為遊戲。因此課程活動對於兒童而言是遊戲或工作，取決於兒童自身感知遊戲特質的內在心態，而不是絕對由教師教學的外在型態所決定。

遊戲 ──────────────────────────── 工作

活動的性質

自由探索材料	活動是教師設計但允許有些發現或創造	教師指導和設計的活動
通常用到操作物或其物品		經常用到紙和鉛筆
不需要保持安靜	需要專心或注意細節的自我選擇活動	有時需要保持安靜
過程取向	有規則和學業內容的遊戲	成品取向
不需要完成		在幼稚園的計畫必須被完成

有關於兒童

主要是孩子的意向	通常主要是教師的意向，但能讓孩子有較多的選擇	孩子明顯需要集中心智和認知的活動
孩子明顯很少專注或認知的活動		
通常是身體的活動		通常不是身體的活動
可自由地和同儕互動	通常可以自由地和同儕互動	有時可以和同儕互動
總是有趣的	通常是有趣的	有時是有趣的

有關於教師

很少教師的期望	通常有些教師的評鑑	主要是教師的期望和意向
很少被教師評鑑		結果被教師評鑑

圖2-1　兒童覺察的工作──遊戲連續線

資料來源：引自 Wing（1995）

（四）遊戲的文化脈絡

　　遊戲的脈絡性方面，後現代遊戲理論更強調人類學家 Schwartzman（1978）所謂之遊戲是文化脈絡中的文本（text in cultural context），Schwartzman 回顧和

檢視人類學家對於兒童遊戲的研究，指出兒童遊戲是與文化脈絡相關的重要文本，遊戲表達了社會文化脈絡中的風俗習慣和信念價值。例如，在注重團體的亞洲文化中，遊戲著重於分享、合作、瞭解自己在團體的角色，而在注重個體的北美文化中，遊戲著重於競爭、個人特質、自我的表達和獨立（Kaiser & Rasminsky, 2003）。從社會文化觀點探究遊戲有五個方向：(1)社區的經濟結構是否提供兒童遊戲的機會；(2)社區中的成人對於遊戲的信念和價值觀為何；(3)社區和成人對於遊戲的價值觀如何傳遞給兒童；(4)兒童在遊戲中如何呈現他們的世界和文化；(5)瞭解在一個特定的文化中，形成遊戲的經濟、文化、教育和心理的脈絡因素（Goncu, Tuermer, Jain, & Johnson, 1999）。

　　遊戲是兒童成長過程中與文化脈絡相關的重要文本，這樣顯著的例子呈現在人類學家 Fortes（1970）觀察研究位於西非洲之 Taleland 的教育之社會和心理層面，在這個沒有正式學校組織的傳統部落社會，兒童在日常生活中透過各種打獵、耕種、祭祀、酋長、婚姻和扮家家等自發的遊戲，很自然地持續演習和試驗著他們的興趣、技巧、性別角色、生活職責、宗教儀式和社會生活，因而從遊戲中傳承著一個傳統部落社會的習俗和秩序。Taleland 兒童的遊戲並非只是機械式模仿或複製他們日常看到的成人的行動，而是想像和創造性地運用自然的物體和生活中的材料，建構和重組他們所看到成人生活的主題和功能，以符合其遊戲的特定邏輯和情感架構。例如，Taleland 的男孩學習皮革工人或鐵匠的技術，是藉著仔細查看父親的工作和聆聽其解釋，並在遊戲中以皮革或鐵片重複試驗製作的程序，而逐漸改進他的技術；又例如，Taleland 的兒童將他們生活周遭的各種人事物的主題和功能，組織和轉變成如下列豐富的遊戲情節：「將三隻蝗蟲想像轉換成『這些是我們的牛』，而聯想到用樹皮做成牛欄；接著又用石頭將穀粒磨成碎粉，放在陶器碎片中祭祀；接著玩角力、爬樹、游泳、發誓；然後看到 Fortes 穿的鞋子，接著也使用剛才做牛欄的樹皮做鞋子；然後又看到許多小鳥，一夥人就拿著碎石去投擲和嚇走小鳥。」

　　Taleland 的兒童從他們過去經歷的生活經驗中選擇能具體表現他們目前情感架構的因素，在遊戲情境中加以解釋和組織，而從中學習處理真實生活的反應力，

並因而延續著一個部落的日常生活文化。Fortes 將 Taleland 兒童的遊戲興趣和技巧發展按照男女性別和年齡階段，歸納成經濟的責任和活動以及遊戲兩方面，兩相對照，呈現出兒童遊戲和部落文化延續的關係。例如，表 2-2「幼兒的經濟活動和幼兒遊戲」摘錄的是 Taleland 三歲至六歲幼兒的經濟活動和幼兒遊戲。

　　如廣泛地從人類教育的本質著眼，遊戲原是幼兒生活中一種自發的教育活動，幼兒在日常生活中自然地將他們的經驗世界建構在遊戲世界裡。而如較特定地從學校教育的觀點著眼，遊戲在學校教育的意義，參照兒童人類學家 Martinus Jan Langeveld 的論點（引自詹棟樑，1979），兒童的世界就是學習的世界，兒童的世界具有三種意義：一是開放的意義，公開的共同生活、工作，這是一個清醒的世界；二是無拘無束的意義，兒童能無拘無束地遊玩及玩各種遊戲；三是創造的世界，兒童能像藝術家一樣地創造。兒童被送到學校去，學校實施教育應該從兒童的世界出發，雖然學校可使兒童的本質發生改變與形成，但是兒童絕不是製造而成的。在現代社會的演變趨勢中，幼兒園成為當今許多幼兒度過童年生活的一個人為化的場所，如參照 Langeveld 之兒童世界的觀點，幼兒被送到幼兒園的生活

表2-2　幼兒的經濟活動和幼兒遊戲

幼兒	經濟的責任和活動	幼兒遊戲
男孩	首先沒有經濟的責任。到了幼兒期末，開始幫忙釘羊圈，嚇跑在剛播種的田地和作物上的小鳥；參與家人的播種和收成活動；跟著較年長的兄姊，半遊戲式使用鋤頭挖取落花生。	充滿活動的動作和探索的遊戲。使用類似的玩具（弓、鼓等）進行自我的遊戲。幼兒期末，開始玩家畜和蓋房子的社會性和想像性遊戲，也常跟著較年長的男孩女孩玩娛樂的遊戲和跳舞。
女孩	首先沒有經濟的責任。到了幼兒期末，經濟的責任和男孩相同。經常照顧嬰兒；跟著母親到水坑，開始提小水桶；幫忙做簡單的家事，例如清掃。	充滿活力的動作和探索的遊戲。親近著姊姊，被拉入她們的扮家家遊戲。到了幼兒期末，開始主動參與扮家家遊戲，並且開始玩娛樂的遊戲和跳舞。經常參與混合性別的團體。

資料來源：引自 Fortes（1970）

需保留著兒童世界原有之無拘無束的意義，讓幼兒在幼兒園裡仍有機會遊玩及玩各種遊戲。就如 Zigler（1987）指出，形式化和高度結構化的學校教學將剝奪幼兒最珍貴的童年時光並取代珍貴的遊戲時間，而使得現代的幼兒成為「沒有童年的兒童」，成人急於將幼兒從搖籃推促到形式化的學校，將可能否定幼兒以他們自己的速度發展和成長的自由。

四、遊戲理論概念的取向

後現代遊戲理論強調遊戲具有上述社會文化差異、表徵和創意之混沌性能概念，其實在現代心理學家和行為科學家的遊戲研究中（Pellegrini & Boyd, 1993; Rubin et al., 1983），亦有所發現和論及，只是後現代遊戲理論再加以延伸、擴展和詮釋。因此有關遊戲的參照概念，不是截然劃分現代或後現代遊戲理論之區別而偏廢一方，而是連結現代和後現代的遊戲觀點，並以連續變化的取向視之，將可使得遊戲概念的視野更加延伸和擴展。

Smith（2010: 4-5）提出三種辨識遊戲的取向，功能的取向著重於遊戲行為的目的，結構的取向著重於遊戲行為本身的組織和順序，標準參照的取向則是根據觀察者定義一個行為是否為遊戲或非遊戲的覺知觀點，被辨識出含有愈多遊戲特質的行為，即愈可能被視為是遊戲。如依照辨識遊戲之標準參照的取向，檢視上述現代和後現代的遊戲概念取向，幼教界如將遊戲視為一種方法，其特質是相對而非絕對，是在程度上具有愈多遊戲的自發、愉快、開放、象徵、創意、混沌等的特質，且遊戲並非是不涉及價值的方法，而是具有不同假定和價值的多重意義。另一方面，幼教界如將遊戲視為一種內容，則遊戲可從單一的行為類別概念延伸、超越，擴展為整體包含物理、社會、心智和文化歷史之脈絡架構，其中尤其具有社會文化的意涵。

貳、課程概念的取向

有關課程一詞的理論概念，可說是由因應現代化工業社會的名詞概念，演變

至後現代多元社會之動詞概念。課程的英文為 curriculum，源自拉丁字源 currere，係指古羅馬競技場的跑道，如將跑道視為有起點、終點、一定長度的距離，以及跑者須遵循的界限和規範之名詞，課程即被引申為學校的學科或教材。經過 20 世紀初工業社會之科學化運動的洗禮，並結合行為主義心理學之刺激與反應的觀點，發展成 20 世紀課程主流的工學模式或目標模式，以社會效率為核心價值，符應現代化工業社會強調的統一規格、分工量產和科層管理，重視課程目標的具體性和行為導向的教學目標；至 1970 年代，邁入後現代的多元社會之後，各種後現代的理論思想為課程概念提供豐富的觀點，有鑑於工學模式侷限了教育的可能性和課程的範圍，後現代的課程理論重新檢視 currere 的原始意義，發現其除了做為名詞「跑道」之外，還具有動詞「奔跑」的意義，而主張課程應回歸 currere 的原始意義，採用積極性的奔跑隱喻，課程應是具有動詞「奔跑」的意思，課程是一個動詞、一個行動，是在跑道上奔馳的一個旅程，課程是教師、學生和環境三者互動的過程和經驗，此即所謂的課程再概念化（歐用生，2006：10-11）。

　　參照黃永和（2001：270-271）的比較分析，名詞概念之現代科學化的課程概念是靜態成品式的「機械典範」，著重教師傳送靜態的特定內容，動詞概念之後現代觀點的課程概念則是動態教育經驗的「有機典範」，著重學生自我組織學習經驗的動態歷程，兩種課程概念在課程立場和課程定義的取向有所不同。「機械典範」之課程立場採取傳送的立場，認為學習的任務在於吸收特定的價值、技能與知識，教學活動即是教師提供刺激而學生產生反應的歷程；其課程定義是一種可以預先計畫和制定的具體成品，例如教學用的文件、計畫或課程大綱，將課程視為能呈現在眼前的、具有不變屬性的、能在書面上描繪的東西，至於未能呈現在眼前的、學生確實遭遇到的、潛在的教室歷程與學習經驗，則被視而不見或被認為是次要的，此種課程定義使課程變成一種靜態的封閉系統。「有機典範」之課程立場則採取學習者自我組織的立場，學生成為更主動的課程共同創造者，學習者以更多元整體的方式參與教師及環境互動，教學活動是在幫助學生產生更多的連結、反思與疑問的自我組織歷程；其課程定義直指教室實際歷程中由師生所共同創造的教育經驗，教學前課程只被彈性地計畫，真正的核心則在教室的互動

歷程中，學生必須時時投入自己的興趣、意向與行動，教師也必須時時仔細觀察、反省與回應學生的學習情形，隨時捕捉並善用未呈現於計畫中的偶然、潛在與意外事件，使得課程更能敏於教室內外的脈絡變化。

參、遊戲遇見課程概念的取向

幼教界爭論遊戲是屬於幼兒課程的領域內容或型態方法，由字義上看，領域內容是一種名詞、型態方法是一種動詞，有關遊戲和課程的概念如前所論述，亦分別有傾向於是名詞或動詞的取向。在遊戲概念的取向上，動詞意義的遊戲方法著重於不同程度之自發、愉快、開放、象徵、創意、混沌的特質，名詞意義的遊戲內容或是指較狹隘的行為類別，或是指更廣義的情境脈絡內涵。在課程概念的取向上，比較而言，名詞意義的現代課程強調靜態的教學內容，動詞意義的後現代課程強調動態的經驗重組。

從學理概念上歸納遊戲與課程兩者相遇的取向，遊戲如遇見的是較強調教師傳送特定內容的現代課程概念，其遊戲的方法將受制於教師的傳送介入而較為封閉，遊戲的內容亦較侷限於特定的行為類別；而遊戲如遇見的是較強調學生自我組織學習經驗的後現代課程概念，其遊戲的方法亦將保留較多開放、混沌的特質，遊戲的內容則可擴展為多元豐富的脈絡內涵以及與文化脈絡相關的文本經驗。

然而，在兩個極端的課程觀點之間，如進一步以連續的課程概念取向分析，當遊戲遇見課程或多或少著重學生自主或教師計畫之不同程度的取向，即更進一步觸及遊戲概念中所謂「遊戲」與「工作」的區別。自發、愉快、開放、積極參與的遊戲特質之多少的不同程度，常是用來區分遊戲與工作的標準（Rubin et al., 1983）。Neuman以一條連續線（continuum）的概念，提出區分遊戲與工作關係之三項標準為內在或外在控制、內在或外在現實、內在或外在動機，兒童自我有愈多內在的控制、現實和動機的活動，就愈趨近於連續線一端之遊戲，反之，愈多他人外在的控制要求、外在現實限制和他人引發動機的活動，即愈趨近於連續線另一端之工作；Sponseller參照Neuman區分遊戲與工作之標準，依照自我內在控

制、現實和動機由高而低的標準，將教室中泛稱遊戲之活動依序區分為：自由遊戲（free play）、引導遊戲（guided play）、指導遊戲（directed play）、假似遊戲之工作（work disguised as play）和工作（work）；接著Bergen更詳細描述這五項活動可能引發之學習（引自林玫君，1996：17-19）：

1. 自由遊戲：這是最符合遊戲本質的活動，遊戲者的內在控制、內在現實或內在動機都是在最高的程度，遊戲的發起及進行都是由幼兒自行決定，與其他四項活動比較，幼兒在自由遊戲中的主導權最大，自我選擇與控制的機會也多，是「發現學習」最好的媒介。然而自由遊戲並不代表毫無條件的開放與自由，其遊戲品質仍可能受到幼兒本身之身心能力及教育場所之時間、空間與材料限制之影響。

2. 引導遊戲：遊戲者仍享有較高的內在控制、現實與動機，但同時必須注意一些有彈性的外在社會因素，成人在此種遊戲中的角色較積極，有時會規定幼兒在特定的時間或區域中從事特定的遊戲，成人也會適時介入與幼兒共同決定遊戲的內容，但在此過程中，幼兒常超越外在現實，在自我想像與嘗試中發展遊戲，因此這是「引導發現學習」（guided discovery learning）最好的媒介，成人利用開放性的問題引導幼兒的學習經驗。

3. 指導遊戲：遊戲中多由外控，符合外在現實意義，多為團體方式進行，遊戲通常由成人帶動發展，遊戲的內容和人數大多由成人決定，幼兒園中的競爭遊戲或手指遊戲多數屬此類。進行此種遊戲時，教師必須以幼兒的具體經驗為基礎，才能發展有意義的接受學習。

4. 假似遊戲之工作：即作業取向之活動，重視其結果，嚴格而言，並不是遊戲，但若參與者能有內在控制、內在現實與內在動機的可能，此類活動可在工作時間變成遊戲；換言之，此種活動是否可歸類為遊戲，完全在於幼兒是否能有一定程度的內在動機、控制與內在現實。此類活動多以反覆吟唱或動作練習為主，以學習教師規定的學科內容為主。教師們經常將教學活動設計得像遊戲之方式，如唱字母歌、數字遊戲，但其內容完全由教師決定，且較強調基本能力之教學。

5. 工作：即非遊戲，參與者被教師要求之外在動機引發，幼兒必須達成某些外在控制之要求，以符合工作的目標，幼兒自己完全沒有選擇或超越教師、教室、學校等現實之限制。在工作中，通常教師已決定何時做、如何做或做什麼，期望讓幼兒透過重複的練習學得許多知識和技能。

然而，Dewey 從教育的觀點指出課程中的工作與遊戲都可以是有目的的活動，都須選用材料與歷程來達到所欲達的目的。遊戲的本質是活動本身就是結果，興趣是更為直接的；在心理方面，遊戲的特性不是消遣，也不是沒有前後因果目的的活動，遊戲的人並非只是在身體和物理動作上做某些事，而是試著去做一些事、影響一些事、嘗試造成某種結果，這種態度含有預估的先見，不過在遊戲裡面預估的結果是後繼的動作或另一活動，而非改變事物的具體結果，遊戲的人用不著向很遠的方向觀看，而能夠很容易常常改換他的動作，因此遊戲是自由自在、伸縮自如的；遊戲裡的目的是同類活動的繼續，不顧到所產生的結果，而如果活動變為更加複雜的時候，遊戲的人對於所做的事情預見明確又頗費時才能達成的結果，活動的意義也增加起來，於是繼續努力達到此結果，這時自我滿足的遊戲可能引發工作的欲望而漸漸的變為工作，因為工作需要更多的思考和努力。工作的本質注重結果，結果是可以預見的、有計畫的；在心理方面，工作乃是一種活動，做這種活動的人有意的顧到後來的結果，如果後來的結果是在乎活動以外的目的，活動不過是用來達到這個目的的手段，這時工作才變成苦工，而仍含有遊戲態度的工作即是「藝術」（林玉体譯，1996：228-232）。

幼兒園課程之教學活動通常依性質分為自由活動、個別活動、分組活動和團體活動，其中自由活動是幼兒自發性的學習活動，教師可隨機觀察指導，其他三類則主要是教師計畫和主導的教學活動。在遊戲與工作的概念連續線上，幼兒自發性的自由活動傾向於遊戲的一端，其他個別、分組和團體活動則從遊戲逐漸傾向於另一端的工作。遊戲遇見較著重教師計畫與指導之課程活動，雖可能因此呈現較為工作式的活動，但是教師如果能運用後現代論者所謂之嬉戲的（ludic）教學觀點（張佳琳，2004），在教學過程中保有遊戲的態度，將固定封閉的教學結構，轉化為流動、隨機、可變、快樂的遊戲教學；或是參照批判理論之主張，讓

幼兒對教室活動有些選擇權，藉以讓他們能將學習視為遊戲；或是參照混沌理論之主張，設法減少教室的結構性、創造彈性的作息表、鼓勵幼兒評估他們自己的工作，並模糊工作與遊戲的分別（Johnson et al., 2005: 51）；這些方式皆可能讓工作式的教學活動保留些遊戲的特質，成為Dewey所謂之含有遊戲態度的工作「藝術」，讓幼兒仍能感受到活動的樂趣，樂在工作而避免視之為苦工。

　　保留遊戲特質之教學活動常運用於國小的學科教學研究，例如莊雅萍（2008）檢視我國國小運用遊戲教學於國語、英語、數學、生活課程、自然與生活科技、音樂等課程的文獻，發現教師或研究者為達成既定的課程能力指標或教學目標，規劃出各種遊戲如角色扮演、競賽遊戲、規則遊戲等，雖然其中遊戲性質多傾向於指導遊戲或假似遊戲之工作，但仍能讓教學過程生動活潑、學習氣氛愉悅融洽，而吸引學童積極參與學習，增進學童問題解決、審美、創造力與科學的技能。幼兒教師在引導或指導幼兒進行較有計畫性之分組和團體活動時，亦可將活動規劃為各種有趣、具啟發性、能讓幼兒思考如何玩的遊戲教學活動，引發幼兒積極參與學習，例如：計畫性的運動遊戲教學活動增進幼兒跑步、單足跳、跨跳、立定跳等移動性動作技能（張麗芬，2008），遊戲化的閱讀活動創造閱讀樂趣、建立閱讀理解、活化閱讀創作、促進親子共讀（林美華，2004），教師引導的創造性戲劇遊戲可運用於幼兒的情緒教育（林宣妤，2006）。

　　因此進一步針對具體的幼兒園課程活動而言，遊戲如遇見的是現代課程概念，因教師較關注於傳送特定內容，其自由活動雖是幼兒的遊戲時間，但可能呈現較多教師介入的引導遊戲或指導遊戲，或甚至成為假似遊戲之工作，個別、分組和團體的教學活動則傾向於較為極端封閉的工作，相當缺乏遊戲的態度和特質，遊戲內容亦受限於教師預先計畫的教材內容；而遊戲如遇見的是後現代課程概念，因較強調學生自我組織學習經驗，其自由活動即是讓幼兒自己組織經驗的自由遊戲，個別、分組和團體的教學活動雖可能傾向於指導遊戲、假似遊戲之工作或工作，但可將嬉戲的遊戲特質延伸到教學中，使得教學活動仍保有或多或少遊戲的特質和態度而成為遊戲教學，遊戲內容亦可讓幼兒自由擴展和延伸。

第三章

遊戲遇見幼兒課程發展的取向

　　本章延續第二章所論有關遊戲與課程概念相遇的取向，接著更落實於探究遊戲與幼兒課程發展相遇時的情景，析論遊戲在幼兒課程發展之課程目標、課程內容、課程組織和課程評量方面如何定位（黃瑞琴，2009）。

　　參照黃永和（2001：270-275）之比較分析，現代科學化機械典範之課程發展主要依循陳述目標、選擇內容、組織內容、評鑑的模式，後現代有機典範之課程發展則直指師生互動時共同參與創造的經驗歷程，兩種課程典範在課程目標、內容、組織、評鑑各方面有下列相對的差異：機械典範著重教師預先規劃的特定目標；其課程內容強調片段、孤立、過度簡化、良好結構的學科；學生只被動接受他人組織好的諸如由近及遠、依年代先後、由已知到未知、由簡單到複雜之線性秩序的知識；評鑑的方法採用客觀的目標參照測驗，大多只測量特定事實與片段知識。有機典範著重特定目標與創新性目標的交互運作，創新性目標浮現於情境、產生於學生的想法與興趣之中，而教師所引入的知識與情境脈絡也維持了教師意向的特定目標；其課程內容強調學生主體、學科內容與社會真實情境之間認知、肢體、情緒、社會等層次的多重連結；學生經由自我導向或教師協助促發中，組織諸如交錯於遠近、古今、已知未知、簡單複雜之間的學習經驗；評鑑的方法採用多元的方式，也關注學生的偶發經驗，更全面反映學習經驗的真實面目。比較兩種課程典範的課程發展模式，現代科學化機械典範的課程發展具有明確的步驟，意指一種抽離情境脈絡、製造具體成品的靜態歷程；相反的，後現代有機典範將課程發展直指師生互動時所共同創造的動態歷程，雖然此種課程發展存在著模糊

與不確定性，缺乏精確可遵循的步驟，然而，呈現教室中最真實的現象。

陳正乾（1998：76-77）指出遊戲在幼兒教育上是架構出一個課程的重要要素之一，遊戲在教室裡的意義會因為教師持有之教育觀念的不同，而產生不同的應用方式；所謂的「遊戲課程」可能是一種包含著許多不同的觀念，人們在討論教學的互動當中所建構出來的觀念。以下即進一步分析遊戲遇見課程發展之目標、內容、組織與評鑑的不同觀念時，可能產生不同的應用情景。

壹、遊戲遇見幼兒課程目標

首先在目標方面，心理學研究遊戲的特質之一是專注於方式和過程，而非目的和結果，遊戲的目標是自我產生而非他人強加的，遊戲的目標可隨著遊戲者的願望而有所不同，例如建構遊戲可隨時改變想要建構的東西，此特質區分了遊戲和那些似乎沒有專注焦點的行為，因此遊戲不包括閒逛和漫無目的遊蕩（Rubin et al., 1983）。

參照前述遊戲與工作的概念連續線，愈少遊戲特質之工作一端的目標較屬於教師預先規劃的特定目標，而遊戲一端的目標可彈性變動、伸縮自如，不必擔心是否達成任何特定的結果，所以才得以自由嘗試、練習、整合新的行為方式，因而增加行為的變通力和彈性的適應變化（Bruner, 1972; Sutton-Smith, 2001）。例如，賴美玟（2007）研究顯示幼兒在幼兒園的假扮遊戲呈現心智理論（theory of mind）的內涵包括：不會被假裝的替代物、動作、角色、情境所混淆的「區分表面與真實」，會從他人的行動及反應中推測其「相信欲求」、「意圖」、「錯誤信念」，使用「情感性角色取替」推論對方情緒，以及運用「欺騙」技巧使自己擁有假扮玩物；幼兒一方面在玩假扮遊戲之過程中，會暫時跳脫出扮演的架構外與玩伴協商想像物的設定、角色的分配、情節的計畫，以及糾正玩法，另一方面在實際進行假扮遊戲的架構內運用角色、玩物、動作及情境的轉換表徵之時，會呈現和運用各項心智理論能力與玩伴相互配合分享遊戲的主題和情節，讓遊戲得以持續進行。因此遊戲的目標主要蘊含和發揮於遊戲過程的方法特質，而不是限

定於遊戲的特定內容，其遊戲特質可能連結幼兒的變通力、彈性的適應變化或心智理論等，即可形成後現代有機課程典範著重之創新性目標，隨機浮現於幼兒在遊戲中的想法與興趣。

　　再者，根據科學研究結果的解釋，遊戲對於幼兒發展和學習有近程基部的（proximal）和遠程末端的（distal）影響（Pellegrini & Boyd, 1993），近程基部的影響是遊戲之後很快就看得見的結果，例如打鬧遊戲可直接發展出有規則的遊戲，通常是研究遊戲的某個層面（如相互的角色取替）和某個相似的影響結果（如觀點取替）之關係；遠程末端的影響是遊戲之後隔一段較長久的時間才看得見的結果，例如玩象徵遊戲可預測一年後的書寫程度，通常是研究遊戲的某個層面（如學前幼兒相互的角色取替）和某個不相似的影響結果（如在小學三年級時寫出說服性文章的能力）之關係。如將遊戲對於幼兒發展和學習的近程和遠程影響，分別延伸為課程的近程和遠程目標，其目標是深入幼兒在遊戲過程中運用的廣泛能力，而非表面的特定行為改變。

　　DeVries（2001）從建構論觀點分析幼教課程中的遊戲是與幼兒的社會、情緒、道德與智能發展之廣泛的課程目標結合，讀寫算的學業目標也可融入遊戲的情境中，幼兒專注投入在遊戲中自己設定的目標，甚至轉化為高品質的工作，將遊戲與工作合而為一；教師尊重幼兒的興趣，適時適當發問和輔導幼兒的遊戲進行，同時提升幼兒高層次的智能思考和道德價值建構，幼兒在合作性的社會道德氣氛中學習訂規則、做決定、解決衝突、做社會和道德的討論。幼兒在如此的遊戲過程中，課程的創新性目標與特定目標即可能交互運作，創新性目標浮現於幼兒在遊戲中自己設定的目標，而教師從旁輔導也可能適時引入教師意向的特定目標；例如，幼兒進行自由音樂遊戲時，幼兒在意的遊戲脈絡是跟著隊伍邊走邊敲奏，教師加入幼兒隊伍的遊戲脈絡，拿著手鼓交替著走兩步敲一下、走一步敲一下、走一步敲兩下，幼兒也自然地跟著教師做出走路與敲奏之間的比值關係，而達到教師意向之發展幼兒節奏能力的音樂學習目標（李萍娜，2009）。

　　課程設計宜依據目標的性質，由不同的目標來表示，如學習結果可以預定者，則直接化成行為目標；學習結果可以預定，但不限定何種行為改變者，可用單元

目標來表示；學習結果不加以限定，也無法預定者，可視為程序原理來把握（歐用生，1986：274）。在幼兒園主要由教師計畫和主導的團體、分組或個別的教學活動，可能預定幼兒的學習結果，可以行為目標敘寫活動的目標；而隨機浮現於幼兒遊戲中的想法與興趣之創新性目標，其學習結果不加以限定，也無法預定，即適合採用著重活動過程和參與品質的過程目標（process goals）（Robison, 1983: 167），教師更加注意到每位幼兒遊戲的多樣性、參與的持久性、社會技巧和參與遊戲的品質。

例如，我國幼稚園通行的單元教學（盧素碧，2003），是教師於教學前預先設計好教案再實施教學，教師先依課程目標決定單元目標，引導幼兒針對單元主題進行不同領域的單一探究。在幼兒課程與教學的取向上，教師的角色常是主導者、引導者、誘導者或指導者，採大團體及小團體的教學活動，其讓幼兒主動引發學習過程的程度較為有限，易忽略幼兒的個別差異。單元教學可說是傾向於著重教師預先規劃特定目標的機械典範，其特定目標呈現於單元目標和教學活動目標中，然而如果實施單元教學的幼教老師，能將遊戲的特質和態度或多或少延伸到團體或小組教學活動中，則可能使其成為有預定教學目標的遊戲教學；另一方面，也可在教室布置開放的遊戲空間（遊戲區或遊戲角），讓幼兒依自我興趣選擇，以彌補一般單元教學忽略幼兒學習興趣及個別差異之不足處，但是隨機浮現於幼兒遊戲中之創新性目標，則需跳脫單元特定目標的限定，並採取過程目標的過程觀點，著重遊戲過程的參與品質。

貳、遊戲遇見幼兒課程內容

在課程內容方面，如第二章所論遊戲遇見較強調特定內容的現代課程概念，遊戲內容較侷限於特定的行為類別；而遊戲遇見較強調學生學習經驗的後現代課程概念，遊戲內容則將擴展為多元的脈絡。換言之，幼兒遊戲遇見分立的學科課程，即強調遊戲內容須包含如語文、數學、音樂等各個學科教材，著重於在遊戲中呈現學科的教材內容；另一方面，如幼兒遊戲遇見的課程是多元脈絡化的經驗，

參照課程是經驗的觀點（黃政傑，1985：21-29），由於每位幼兒在遊戲中的經驗不同，因此每位幼兒在遊戲中均有其自己的課程，遊戲不是教師預先編製好的內容物品，而是幼兒與遊戲情境中人、事、物交互作用的多重連結。

根據遊戲即敘說或腳本理論（play as narrative or script theory），腳本是由舊有的記憶激發形成的知識結構，幼兒隨著智能發展而漸能根據其個人的經驗和獨特的文化脈絡中組織遊戲事件，並藉以形成遊戲的內容和情節，遊戲內容即是幼兒試圖去瞭解、解釋、組織其個人經驗和表達自己的一種故事或腳本（Nelson & Seidman, 1984）。遊戲關聯到人類經驗的再建構、意義的詮釋，以及想像力的發揮，即所謂敘說性（narrative）智慧（Bruner, 1996）。參照後現代課程即是經驗和敘說的觀點（歐用生，2006：10-17），在多元脈絡的遊戲經驗中，能聽到幼兒的聲音和故事，將課程理解為故事，關注個人的經驗和各種經驗的關聯，這種課程敘說像是即興的爵士樂，容許後現代的變動和混沌，一個人唱著引其他人來唱和，形成節奏、曲調和韻律的折衷混合。就如Sawyer（1997）將幼兒的團體假扮遊戲比喻為即興演奏的爵士樂團，遊戲的即興爵士樂是一種集體的、脈絡化的社會行動，遊戲的腳本來自於玩伴的同儕文化脈絡，遊戲一方面是個人的創造表現，一方面是與同儕玩伴的相互配合與分享。

脈絡化遊戲經驗的幼教課程敘說實例，呈現在美國幼教界資深幼教老師Paley，他採用人類學家之參與觀察的方法，從幼兒的觀點敘寫一系列敘說幼兒在教室中的經驗文本；教室的情境讓幼兒可自由遊戲，由遊戲連結至學習如何生活，並由遊戲發展出幼兒自己的故事，形成教室中活生生的課程文本；課程是敘說幼兒一起說和一起演的故事，以及這些故事產生的意義，教師自己也是課程故事情節中的一個角色人物，Paley仔細傾聽每位幼兒互相形成的遊戲，從中知道幼兒正在學習的功課（Clandinin & Connelly, 1992）。另一方面，Paley發展出一種指導遊戲的方式，結合了說故事、書寫、閱讀和戲劇，教師引導幼兒輪流敘說創造他們自己的故事腳本，將故事錄音並寫出來，再唸給全班聽，然後讓幼兒一起演出和觀賞故事。這種指導遊戲的方式，結合了教師的技術取向與兒童的遊戲取向，在教師的指導活動中保留了自願、自發的遊戲元素，形成敘說的和遊戲式的活動（Nic-

olopoulou, Mcdowell, & Brockmeyer, 2006）。幼兒園的課程就是由幼兒自己說的故事和玩的遊戲發展出來的，幼兒和同儕玩、和老師玩，老師也跟著幼兒一起玩，幼兒在遊戲中敘說他們的故事，教師敘說課程的故事時，同時也敘說著幼兒在遊戲中敘說的故事。

Paley的課程敘說呈現後現代主義有關性別、權力、教室文化的遊戲脈絡，例如，幼兒正值性別認同定型的時期，幼兒認為自己發明了如何區分男孩與女孩的方法，他們在扮演遊戲中試著去證明這個發明是有效的，男孩的幻想遊戲以超級英雄為主，女孩編出的劇本則引進更多的姊妹和公主，他們都在遊戲中尋求男孩與女孩的社會定義。Paley發覺當她較少干預男孩的遊戲時，才清楚看出那是一齣很嚴肅的戲，而不是一種搗蛋行為（黃又青譯，1998：21-26）。Paley 認為她需要從孩子個人的幻想轉變成社會性遊戲，再從社會性遊戲轉變成師生間統御關係的過程中，找到一條合理的邏輯；在學校生活裡，孩子漸漸探索出自己最喜歡做、最想學的事情，這些不是老師教的，而是孩子透過社會性遊戲，學習了自己和他人間的互動，以及對現實生活環境與幻想世界間所存差異的真實體驗，孩子便這樣在遊戲的天地裡尋尋覓覓、走走停停、一步步成長（詹佳蕙譯，1998：86-124）。在 Paley 的課程敘說中，遊戲內容不是侷限於特定的行為類別，而是如同即興、變動和混沌的爵士樂，每位幼兒在遊戲中都有其自己的課程，遊戲內容是幼兒與遊戲情境中人、事、物交互作用之多重連結的脈絡化經驗。

參、遊戲遇見幼兒課程組織

在課程組織方面，機械典範著重學生接受他人組織好的線性知識，有機典範著重學生自我組織學習經驗，前者可說是以知識為中心的學科課程，後者即是以學生為中心的活動課程。活動課程是按照兒童所選擇的興趣中心組織起來，兒童學習的是如救火員、動物等題材，興趣中心是按照兒童的心理順序來安排，但要注意的是應讓散亂的直接經驗轉換成有組織的理解，即讓外顯的初級經驗融合觀念才取得意義，做成選擇的反應，應用思考模式於經驗中，並形成與系統知識的

關係（黃政傑，1991：315-329）。

　　參照前述遊戲與工作的連續概念（參見第二章第參節），幼兒遊戲遇見以他人組織知識為中心的學科課程，遊戲型態將趨向於較多外在控制、現實和動機的指導遊戲、假似遊戲之工作，或工作；幼兒遊戲如遇見以學生自己組織經驗為中心的活動課程，遊戲型態則趨向於較多幼兒內在控制、現實和動機的自由遊戲或引導遊戲。但無論是偏重知識組織的工作，或是偏重興趣組織的自由遊戲，從建構論的觀點（DeVries, 2001），適性發展的遊戲和工作都需要有知識建構的元素，不是適性發展的遊戲只有閒散的身體動作，不是適性發展的工作只有嚴酷的身體勞力，兩者都沒有心智的建構。因此活動課程中的遊戲興趣並非止於外顯的初級經驗，而需要進一步有組織的理解和知識建構。

　　根據遊戲與認知發展的相關研究（Johnson, 1990），遊戲可提供機會讓兒童重現、記錄、整合和歸納最近學習和獲得的概念和經驗，例如社會戲劇遊戲幫助兒童將看似無關又分散的經驗整合在一起而找到關聯性，透過象徵性的角色扮演呈現前後連貫的情形，兒童運用自己的潛能與知識，以一種彈性的手法將自己置身在一個生活化的情境中，結合自己分散的經驗，歸納和解讀事件發展，以因應遊戲的內容和情況（Smilansky, 1968）。遊戲所能提供的機會，不僅可以讓兒童以不同方式將吸收進來的刺激加以組合，並且還可以將相關的訊息轉變為新情境或是有待歸納的訊息（Athey, 1988）。再者，參照後現代理論之遊戲的混沌性能（Vander Ven, 1998），遊戲能讓遊戲者從連結各方面的經驗中建構出個人的意義，並讓遊戲者能連結主題、情境和個人角色，藉以因應一個快速改變的混沌世界。

　　遊戲可讓幼兒整合、歸納、連結個人經驗的性能，即可延伸至課程之組織。課程組織之統整係指合成一體或關聯起來的意思，每個學生都有其各自的能力、經驗、興趣與需要，這些構成了他自己的意義架構，當他不斷學習時，這個意義架構便有了不斷成長的機會。由於每個人都是特殊的，其意義架構也是特殊的，因而所謂統整，應讓知識和學生經驗結合起來，使學生能運用知識並促進其意義架構的成長。統整是發生於個人身上，知識最終要成為個人意義體系的一部分（黃

政傑，1991：297-298）。依此課程統整的觀點看，通常所謂以遊戲統整課程的意義，並非僅是在外顯活動上連結成人分類之學科式領域，而是讓幼兒在遊戲過程中發展和統整各自的能力、經驗、興趣和需要，因而構成並增進幼兒自己的意義架構。從全人整體發展與學習的觀點，遊戲提供幼兒學習的統整力量（integrative force）（Hendrick, 2003: chap. 3），讓幼兒在遊戲過程中探究他們是誰，透過遊戲整合他們的身體我（身體的動作）、社會我（社交的技能）、情緒我（情緒的調節）、認知我（認知的思考），以及創造我（想像與創意）。

　　遊戲統整課程的實例，常顯現於課程取向著重幼兒興趣與自我組織學習經驗之有機典範的方案教學。方案教學讓幼兒可主動引發、高度參與和決定學習過程，深入的探究可能由幼兒或教師引發，探究的重點在針對幼兒的問題發現答案，依幼兒的興趣發展，方案教學的目標整合幼兒多方面的成長，包括學習的意願與主動性、思維與建構意義、互助合作的社會情緒，以及解決問題的能力（漢菊德，2000）。在方案發展過程中，可能探究的方案主題常由幼兒遊戲的興趣中浮現，並經由遊戲表現出幼兒對於方案主題的先備知識；接著在探究過程中，幼兒通常透過遊戲整理及延伸他們所學習到有關方案主題的經驗，幼兒創造的遊戲環境常成為探究階段方案進行的重點，這時幼兒會產生許多問題解決的歷程，思考和選擇如何運用周遭的媒介和物品創造遊戲環境，幼兒透過遊戲表現出他們在探究過程觀察到的情景時，他們連結了新的知識和先前的經驗以及內化相關的概念，並且將他們的經驗意義化（林育瑋、洪堯群、陳淑娟、彭欣怡譯，2003：4-22～4-34）。幼兒可透過前述之遊戲的物理、社會、心智及文化歷史脈絡，組織有關方案主題的經驗，例如以「食物」為主題的方案教學（四季文化編輯群，2006），各個學習區（如藝術工作區、裝扮區、科學區等）呈現各種不同的食材原料、廚具食器、動植物生長、美食製作過程、人與吃之間的相關素材，結合成食物探究和遊戲的物理脈絡；幼兒思考和選擇運用物理脈絡的媒介和物品創造遊戲環境，如創造團體討論區成為稻田和菜圃、裝扮區成為農夫的家、偶臺成為土地公廟、教室天花板飛舞著稻田的昆蟲等，即是幼兒運用遊戲的心智脈絡連結有關食物的知識概念和各種經驗，轉換成有組織的理解；至於與同儕友伴日常互動分享食物、

使用各式食器、稻米為主食的生活習俗、中式與西式或傳統與現代食物同異等的生活經驗和飲食文化，結合成遊戲的社會和文化歷史脈絡；透過這些有關食物的脈絡架構連結方案主題，同時整合和歸納幼兒個人主動學習、建構意義、互助合作、解決問題等多方面的發展和成長。

肆、遊戲遇見幼兒課程評量

幼兒課程評量的主要目的是提供有關每位幼兒發展與學習的資料，辨認可能需要特別輔導的幼兒，以及瞭解每位幼兒與課程目標有關的發展現況和進展，藉以計畫教學、評鑑課程是否符合其目標，以及與家長溝通（NAEYC and NAECS/SDE, 1991）。參照第二章所述遊戲的理論概念，遊戲具有自發、愉快、開放、象徵、創意、混沌的特質，遊戲不僅表現在可被觀察的社會或認知行為，還包含物理、社會、心智和文化歷史之脈絡架構；在幼兒園教室的遊戲脈絡架構，涉及的元素包括：教室中可供選擇的遊戲材料、社會友伴的關係、真實世界的生活經驗、選擇材料和玩伴的遊戲決定、扮演和轉換的表徵系統，以及遊戲的持續時間（Reifel & Yeatman, 1993）。這些遊戲的特質和脈絡即提供了評量每位幼兒發展與學習的脈絡。

在幼兒遊戲中進行評量有其理論上和實際上的理由，理論上是根據心理學的研究顯示，遊戲是呈現兒童心靈的一扇窗，可藉以觀察評量兒童的社會情緒和心智狀態；而在實際上，遊戲是替代正式測驗程序的一種重要方式，因正式測驗常很難適用於幼兒（Rubin et al., 1983）。遊戲為本的評量（play-based assessment）即是一種替代性評量，可替代標準化的測驗，與課程目標和幼兒發展緊密結合，透過直接觀察幼兒在遊戲情境的全面發展和學習，包括：身體動作能力、社會互動、認知能力、語言溝通和自我照顧技能等，追蹤幼兒在何時何地玩、和誰玩或自己玩、如何玩等，有關研究（Gullo, 2006）顯示遊戲為本的幼兒評量方式，可花較少的時間提供更廣泛的幼兒能力圖像和更有助於課程計畫的資料，且更能真實反映幼兒的發展和能力。

　　遊戲是幼兒自然的學習媒介，幼兒透過遊戲可以展示和感覺自己的能力，遊戲與發展和學習領域系統相關，這一相互作用形成了將遊戲視為評量工具和處遇策略的基礎（馬燕譯，2002：167-168）。然而當遊戲遇見課程評量時，需要注意遊戲有敏感的生態情境影響，透過遊戲評量幼兒的學習時，需要觀察多元的遊戲情境，並且需配合其他多元的資料，例如在其他自然情境觀察的資料、家長報告幼兒在家裡玩的情形、訪問幼兒有關遊戲的想法和感受（Rubin et al., 1983）。再者，遊戲是渾沌的和不可預測的，可能很難直接連結學習的目的和學習的結果（Wood, 2013: 146）；延伸前述遊戲遇見了課程目標之時，適合採用過程目標，同樣地，遊戲遇見了課程評量之時，亦適合採用過程取向（process approach）的評量觀點（Lauritzen, 1992），教師需充分理解有關幼兒發展的一般性長期目標，藉以安排遊戲環境、提供遊戲材料，並賦予幼兒遊戲的機會，預期幼兒可能產生各式各樣的遊戲行為。依循有機典範之評量觀點，教師觀察並盡量詳細敘述幼兒的遊戲行為，這些遊戲行為可不受限於教師預訂的目標，而是因應個別幼兒可能彈性變動的遊戲目標，關注幼兒在遊戲過程中的偶發經驗和全面學習。

　　再者，參照第二章第參節所述遊戲與工作的連續概念，愈少遊戲特質之工作目標較屬於教師預先規劃的特定目標，而遊戲一端的目標可彈性變動、伸縮自如。機械典範的課程評量方法，常採用工作目標評量方法，著重於測量教師預先規劃的特定目標與片段知識；有機典範則能因應可彈性變動的遊戲目標，以多元的評鑑方法關注學生在遊戲過程中的偶發經驗，更全面反映學習經驗的真實面目。例如，課程傾向於機械典範的單元教學，如亦能提供幼兒遊戲的空間和時間，即可透過開放遊戲時的窗口，評量單元的特定目標與遊戲的創新性過程目標；至於傾向於有機典範的方案教學，則可透過各種遊戲情境蒐集各種檔案資料，回應方案教學對於幼兒全面發展與學習的目標。如前述「食物」主題的方案教學，透過觀察記錄和攝影的方式蒐集幼兒遊戲中的學習表現作品，例如書寫食譜的文字作品、數字記錄班級名產的評分表、幼兒說的話、圖畫、美勞創作、積木建構、遊戲扮演情節等，並敘述成整個班級的方案學習經驗故事（四季文化編輯群，2006）。

此經驗故事就如前述 Paley 老師的課程敘說，呈現出幼兒在遊戲中的聲音、動力、發展和經驗。

伍、遊戲遇見幼兒課程發展的取向

　　本章延續第二章所論遊戲與課程概念相遇的取向，進一步探究遊戲與幼兒課程發展相遇的情景，根據兩章的論述歸結成表 3-1「遊戲在幼兒課程之定位」，綜合呈現遊戲在課程概念和課程發展中的定位。遊戲如遇見的是較強調傳送特定內容之機械典範的現代課程，其課程概念著重於教師預先規劃特定目標、採用片段的學科教材、讓學生只接受他人組織的線性知識、採用客觀的目標參照測驗，其遊戲概念取向將較為封閉和侷限於特定的行為類別，遊戲目標預定於遊戲教學的目標，遊戲內容侷限於特定的行為類別或教材內容，遊戲組織型態趨向於較多外在控制和動機的指導遊戲、假似遊戲之工作，或工作，遊戲評量只針對預定的特定目標；另一方面，遊戲如遇見的是較強調師生共同創造教育經驗之有機典範的後現代課程，其課程概念著重於特定目標與創新性目標的交互運作、脈絡化的課

表 3-1　遊戲在幼兒課程之定位

課程遊戲	機械典範	有機典範
課程概念 遊戲概念	教師傳送特定內容 較封閉、特定行為	師生共同創造教育經驗 較開放、多元脈絡
課程目標 遊戲目標	特定性 遊戲教學的預定目標	特定性與創新性 隨機浮現的過程目標
課程內容 遊戲內容	片段的學科 特定行為內容	脈絡化的連結 脈絡化的經驗
課程組織 遊戲組織	他人組織的線性知識 較多外在控制和動機	自我組織學習經驗 較多內在控制和動機
課程評量 遊戲評量	客觀的目標參照測驗 遊戲中評量特定目標	真實反映學習經驗的多元評量方式 遊戲中真實反映全面發展與學習

程內容連結學生主體與學科內容以及社會真實情境、讓學生自我組織學習經驗、採用能真實反映學習經驗的多元評量方式，其遊戲概念取向將較為開放、多元、脈絡化，遊戲目標可在遊戲過程中彈性創新、隨機浮現，遊戲內容可擴展為多元豐富脈絡化的經驗，遊戲組織型態趨向於較多內在控制和動機的自由遊戲或引導遊戲，幼兒在遊戲過程中組織學習經驗，遊戲評量能真實反映幼兒全面的發展和學習經驗。

第四章
幼兒遊戲課程實施的取向

本書所謂「遊戲課程」是指遊戲融合在課程中，遊戲在課程中有其位置、有其定位。由本章開始以下接著所論幼兒園遊戲課程之實施取向和方法，所根據之遊戲與課程的概念取向，將較傾向於位在有機典範的後現代課程。參照第三章所論，遊戲遇見較強調師生共同創造教育經驗之有機典範，其遊戲概念取向將較為開放、多元、脈絡化，遊戲目標可在遊戲過程中隨機浮現，遊戲內容可擴展為多元豐富脈絡化的經驗，遊戲組織型態趨向於較多內在控制和動機的自由遊戲或引導遊戲，幼兒在遊戲過程中組織學習經驗，遊戲評量能真實反映幼兒全面的發展和學習經驗。因此具體而言，本章開始所論述之幼兒園遊戲課程，將著重於自由遊戲或引導遊戲在課程中的位置或定位，傾向於有機典範的遊戲課程實施取向，較為強調遊戲的經驗、遊戲的過程、幼兒內在控制的遊戲，以及反映幼兒全面的發展，換言之，遊戲課程之實施傾向於經驗的、過程的、幼兒的、發展的取向。本章即更進一步論述遊戲課程實施之經驗取向、過程取向、幼兒取向與發展取向。

壹、遊戲課程實施的經驗取向

基本上課程有四種定義：課程是學科（教材）、課程是經驗、課程是目標、課程是計畫；以課程為學科（教材）者，主張課程是一個學科、一組學科，或是學科的內容；以課程為經驗者，認為課程是學生與學習環境內人、事、物之交互作用的所有經驗；以課程為目標者，認為課程包含的是一組吾人所欲達到的目標；

以課程為計畫者，認為課程是學生學習機會的計畫。這四種課程定義雖有重疊之處，但每一種定義各有其特色及其所要引導的方向，課程工作者應瞭解各種定義最適當的使用時機（黃政傑，1985：14）。

參照第二章所述遊戲的概念，遊戲是人類發展過程中自然呈現的活動，遊戲是由內在動機引起的，遊戲的過程隨著情境和材料而彈性變換，隨著兒童和情境的不同而有差異。廣義而言，遊戲可包括各種自發性的探索活動，是與他人、材料和事物互動的具體經驗。遊戲的經驗因人而異，每位幼兒的身心發展狀況和社會背景不同，其選擇的遊戲材料和呈現的遊戲行為即有其個別差異（Rogers & Sawyers, 1990: 73-77）。因此，遊戲的概念融入幼兒教育的課程中，其遊戲課程的意義即是趨向於個別化的經驗取向，即適合於從課程是經驗的角度引導遊戲課程的實施方向。

參照課程是經驗的觀點（黃政傑，1985：21-29）解釋遊戲課程的實施方向，遊戲是自發的，課程的焦點即由教師的教轉入幼兒的學，視幼兒為學習中心；由於幼兒在遊戲環境中的經歷不同，因此每個幼兒均有其自己的課程，課程是個人與其環境因素交互作用的連續活動，遊戲課程即需著重於幼兒與遊戲環境中人、事、物的交互作用。參照課程是經驗的觀點，以下進一步分析遊戲課程的實施面向。

首先在環境空間方面，由於課程是環境中所有因素間交互作用所造成的，因此首要重視幼兒的學習環境，注意遊戲環境中幼兒可能接觸的人、事、物，包括教室的物質環境、同儕團體，以及教師的態度與能力等，這些人事物的選擇與安排，都可能影響幼兒遊戲經驗的品質。

在時間安排方面，幼兒的遊戲經驗需要充足且持續的時間，才能從容且深入地與他人、材料和事物進行連續的交互活動，藉以發展屬於自己的課程經驗。

在教師角色方面，由於遊戲是自發的，遊戲課程的焦點由教師的教轉入幼兒的學，幼兒成為學習的中心，教師即扮演從旁輔導幼兒學習的角色。由於遊戲課程著重於提供幼兒具體的學習經驗，而不是傳授坊間現成的學科教材，因此幼教老師即成為最重要的課程發展人員，須主動規劃與創造豐富的遊戲環境，提供幼

兒各種可能的遊戲經驗。

在課程計畫方面，遊戲課程不是教師預先編製好的物品，而是在教室內發生的，是幼兒與遊戲環境交互作用的結果，遊戲課程是要透過幼兒的經驗才會發生。教師所設計的，只是可能的、潛在的，並不一定會成為幼兒真正經驗的一部分。由於課程是個人與其環境因素交互作用的連續活動，而幼兒在遊戲環境中的經歷不同，因此每位幼兒均有其自己的課程，遊戲課程是包含幼兒個人在一連串遊戲經驗中產生的學習和行為改變。因此，經驗取向的遊戲課程主要是遊戲後的觀察與報告，是已經實現了的，不是預測的或事先規定的；課程的計畫乃著重於彈性規劃遊戲環境，計畫的場合常是在遊戲的交互作用中，而未計畫的學習亦被視為課程的一部分。

在幼兒的評量方面，經驗取向的遊戲課程著重幼兒整體的學習經驗，包括幼兒社會、心理、情緒和身體的發展和成長，不僅要評量幼兒達成目標的程度，而且對於幼兒在目標之外的學習更是重視，亦即要超越正式課程的界定，去發現幼兒在遊戲過程中所學到的所有經驗，包括課程設計者未事先計畫或未有意圖的潛在課程。

貳、遊戲課程實施的過程取向

參照第二章所述遊戲的概念，遊戲是個體自發的經驗，是與環境交互作用的過程；遊戲著重於方式和過程，而非目的和結果，遊戲的方式隨著情境和材料而隨意變換，其目的亦可隨時改變；遊戲是有彈性的，隨著兒童和情境的不同而有差異。遊戲課程是個別化的具體經驗，其課程設計即需參照著重於兒童自發學習經驗的「過程模式」（process model），以過程取向設計幼兒的遊戲課程。

過程模式的意義參照黃政傑（1991：172-181）和歐用生（1985：53-74）的分析，強調教育並非達成目的的手段，而是一種過程，教育應允許個人發展自己的、新的、變動的經驗；課程設計或發展要依據學生的活動或經驗，依據教育過程本身的價值，而非依據教育所欲達成的結果；重視兒童本身的學習經驗，以兒

童自發的經驗為導向，在這種過程中，個人不斷地進步，無止盡地發展，這才是教育的過程。過程模式的思想背景一方面根源於進步主義的教育理論，強調知識是經由經驗獲得，是自行發現或確立某種假設，然後在經驗中驗證，因此經驗應該是教育過程的核心，以兒童的興趣、能力和經驗為教育的起點，以非形式的教學方法，提供兒童第一手的經驗，讓兒童自發地學習。另一方面，過程模式根源於 Piaget 的認知發展理論，主張智力的發展是主動的過程，知識出自行動，真正的知識是由內在產生的建構，學習必須是主動的過程，兒童經由行動和經驗認識自己的環境。

參照過程模式的特質，過程取向的幼兒教育課程著重的是幼兒的自主性，相信幼兒有能力持續學習。幼兒在遊戲中能建構和測試他們自己自發的計畫、假設和規則，不害怕對或錯；過程重點不強調學習技巧，而著重知識建構的過程（Lauritzen, 1992）。過程取向的遊戲課程，強調的即是教育的過程或方式、而非內容或結果，著重於非形式的教學取向，將遊戲視為幼兒生長或發展的旅程，讓幼兒在此旅途中生長或旅行，而可能產生各式各樣豐碩而有變化的學習結果。

過程模式的課程發展程序是一種開放系統，其過程是：先設定一般目標、實施創造性的教學活動、記述、依教學活動實施評鑑。過程模式先設定一般目標，但不立即將一般目標分析為特殊目標，而是先設計實現目標的創造性教學活動，這一步驟需要教師充分理解一般目標，發揮其專家的經驗和技能，以實施創造性的教學活動，然後盡可能詳細敘述教學活動引起的結果，但結果不限於前訂的目標，因此過程模式的課程，是創造性教學活動的組織體（歐用生，1985：68-74）。參照過程模式的課程發展程序，以下進一步分析遊戲課程的實施面向。

首先在空間環境方面，過程取向的遊戲課程強調環境的設計要能鼓勵幼兒自由選擇、自由探索，即安排在氣氛上是開放的、非形式化的遊戲環境，使教室成為能鼓勵和支持幼兒自由遊戲的場所。

在時間安排方面，遊戲是幼兒成長和發展的旅程，需要讓幼兒有從容的時間在此旅途中遊玩、成長和學習，在遊戲中建構和測試幼兒自發的計畫、假設和規則。

在教師角色方面，過程取向的遊戲課程採取非形式的教學方法，提供幼兒第一手的經驗，強調幼兒自己的學習而非教師的教導，亦即強調幼兒如何學習，而非教師如何教。遊戲課程著重幼兒自身的認知矛盾、問題解決、好奇心滿足和熟練／精通等因素，即能增強其遊戲行為，而不是受到各種外在的誘因而遊戲。因此，教師的任務首先是安排能鼓勵和支持幼兒遊戲的環境，在遊戲過程中，教師的任務則是扮演催化劑或共同學習者的角色，而不在引導學習或塑造幼兒行為。過程取向的課程，需要教師扮演下列多重的角色（Lauritzen, 1992）：

1. 兒童發展的專家：正確瞭解各種遊戲活動的發展階段，尊重和相信幼兒有能力建構他們自己的知識。
2. 觀察者：在自由遊戲時間，仔細觀察幼兒，瞭解每位幼兒的發展程度、特殊興趣和行為類型。
3. 促進者：提供每位幼兒最大可能的發展經驗。
4. 研究者：在自由遊戲時間，仔細觀察幼兒，蒐集資料，省思如何擴展每位幼兒的學習機會，並提出如何增進幼兒發展經驗的假設。

在課程計畫方面，因幼兒的興趣在遊戲過程中隨時可能改變，遊戲課程要將目標視為可繼續修正的，以過程或程序來敘述，並確定廣泛的目的，重視有關幼兒生長或發展之長程目標的價值，在發展課程方向有關的價值判斷中，隱含有一系列的幼兒教育目的。

在幼兒評量方面，過程取向的課程需要教師深刻瞭解和尊重幼兒的發展，具備有關幼兒成長階段的一般知識，並願意觀察和瞭解每位幼兒（Lauritzen, 1992）。教師充分理解有關幼兒發展的一般性長期目標，藉以安排遊戲環境，提供遊戲材料，並賦予幼兒自由遊戲的機會；教師觀察並敘述幼兒遊戲行為中自然呈現的各種學習表現，這些遊戲行為可不受限於教師預訂的目標，而是因應個別幼兒可能彈性變動的遊戲目標，關注幼兒在遊戲過程中的偶發經驗和全面學習。

參、遊戲課程實施的幼兒取向

參照前述遊戲的概念，幼兒在幼兒園的遊戲，本質上應是讓幼兒自發產生、自由選擇、熱烈參與、彈性發展，並且樂在其中的自發性探索活動。近代兒童教育的基本信條——互動、主動學習、創發和選擇——都包含在遊戲的行動中（Kagan, 1990）。遊戲是自發性的，課程的焦點即由教師的「教」轉入幼兒的「學」，視幼兒為學習中心，因此遊戲課程即趨向於兒童為中心，而不是教師為中心或教材為中心（Scales et al., 1991）。

課程設計通常須基於三個理論基礎：學科、學生和社會，據以產生均衡的課程，但實際上的運用往往有所偏重，因而在課程設計的理論取向上，分別有學科取向、學生取向或社會取向的課程設計理念（黃政傑，1991：103）。著重幼兒自發性的遊戲課程，在課程設計的理論取向上可說是偏重於學生，即採學生取向或兒童中心的課程設計理念，強調幼兒個人的意義創造，注重幼兒的需要、興趣和能力，而非學科知識或社會功能。

在哲學的層面，兒童本位的課程論者視教育為一種生長或創造性的自我學習歷程，認為教兒童「如何思考」要比「思考什麼」來得重要，因此要讓兒童在教育歷程中扮演一個自動參與和能有所貢獻的積極角色（黃炳煌，1984：79）。兒童中心的課程論者主張兒童是課程的起點、決定者與塑造者，是影響課程內容之選擇與組織的主要來源；兒童固然是在社會環境中發展，且受到它的影響，但是社會應是接受成熟且自主的個人提供的服務，才能達到最佳的境界，兒童中心課程正是以發展成熟且自主的個人而努力（王文科，1988：389-390）。

參照學生取向的課程設計理念（黃政傑，1991：119-120），幼兒取向的遊戲課程，是基於幼兒的需要、興趣和能力，而非基於學科知識或社會功能；幼兒在遊戲過程中是主動的學習者，讓幼兒替自己的學習做決定，以幼兒此時此地的興趣、需要和能力做為課程設計的核心；幼兒在遊戲過程中，與環境中的人事物產生交互作用，創造個人認知的意義；知識是個人創造的，是學習者導致的，知識

要能和幼兒自己的經驗體系結合。現代幼兒課程設計，即注意到學習者個人的意義，讓學習者在與環境時時刻刻的互動經驗中，獲得個人的意義，統整認知、社會和情意的發展與學習，遊戲即是增進個人意義的自主行動，是幼兒理解世界的一種主要方式（Weber, 1984: 207）。

　　學生取向的課程組織型態，著重於學生經驗的統整，亦即採取「活動課程」（activity curriculum）的組織型態。所謂統整（integration），係指合成一體或關聯起來的意思。每個學生都有其各自的能力、經驗、興趣與需要，這些構成了他自己的意義架構，當他不斷學習時，這個意義架構便有了不斷成長的機會。由於每個人都是特殊的，其意義架構也是特殊的，因而所謂統整，應讓知識和學生的經驗結合起來，使學生能運用知識並促進其意義架構的成長。由此觀之，統整是發生於個人身上的，知識最終要成為個人意義體系的一部分（黃政傑，1991：297-298）。學生取向的課程設計，著重於統整學生的心智、社會、情緒及生理屬性，這些成分構成的有機體是統一而不可分割的，而教育所針對的便是有機體的整體屬性，而不是某一屬性（黃政傑，1991：117）。

　　依循此統整的觀點，幼兒取向的遊戲課程組織著重於幼兒經驗的統整，讓幼兒在遊戲過程中發展各自的能力、經驗、興趣與需要，因而構成並增進他們自己的意義架構。換言之，通常所謂以遊戲統整課程的意義，應是在於統整幼兒個人內在的心智、社會、情緒及生理的經驗，而非用於連結成人自己分類之各個學科教材。參照上述學生取向或兒童中心的課程設計理念和課程組織型態，以下進一步分析遊戲課程的實施面向。

　　首先在環境空間方面，將環境建構成許多活動中心（activity centers），主要由幼兒自己選擇和決定空間的運用，課程是由幼兒選擇其有興趣的活動中心組織起來，即是按照幼兒自己的心理順序來發展課程，幼兒在尋求其真正興趣的過程中，常會隨之發展出相關的知識和技能。

　　在時間安排方面，主要由幼兒決定時間的運用，決定時間運用的因素，是幼兒的興趣與需要，而不是科目和時間表。幼兒有充分和完整的時間建構他們自己的遊戲，從許多不同的遊戲中做選擇。幼兒中心課程有兩個主要的時間條件：一

是必須有長的活動時間，讓幼兒能真正投入某個計畫，或是有機會做許多他們自己選擇的不同事情，幼兒知道他們將不會剛開始做某件事時就被要求停止；二是必須有與別人交談分享的時間，讓兒童在活動過程中與成人和其他兒童交談（Lay-Dopyera & Dopyera, 1990）。

在教師角色方面，教師的責任在於提供優良的環境和資源，讓幼兒自由、自主、彈性、主動地投入遊戲。教師的工作是協助幼兒沿著其興趣的廣大路徑去發展，而且發展的焦點是整體的；教師要去發現幼兒的興趣，進而在興趣之上建立遊戲活動，幼兒由活動中又出現新的興趣，導向新的遊戲活動。教師由傳統的傳授角色，轉而為協助的角色，從事觀察、諮詢、支持、促進的工作，教師是開放、溫暖的人物，能尊重幼兒、瞭解幼兒的發展階段。

在課程計畫方面，遊戲課程以幼兒自發的興趣為起點，因而不是預先決定的課程。遊戲的計畫是一種萌發的過程（emergent process），遊戲課程即是一種萌發課程（emergent curriculum），在遊戲過程中，幼兒的學習是非直線的，而是沿著非預期的途徑擴展，因此萌發式的遊戲課程計畫，著重於教師的觀察，教師的目標是廣闊的，而不是狹隘特定的行為目標（Jones & Reynolds, 1992: 90）。教師可計畫的是廣泛思考教室活動的方向，以提供遊戲材料和設備；或思考某一單元所有可能學習的事物，列出幼兒可能學到這些事物的遊戲活動。

在幼兒評量方面，對幼兒實施評量是為了瞭解和促進幼兒的成長，而非為了比較他們的高下。評量時特別注重學習過程，而且注重幼兒在過程中的全面表現，包括認知、技能、情意等方面。觀察是主要的評量技術，藉以瞭解幼兒個別成長及改變的狀況。教師建立每位幼兒的記錄或檔案，是根據行為的觀察，而不是使用測驗；記錄使用幼兒發展的類別，例如：身體動作、語文運用、認知思考、社會互動、情緒表達等；評量的報告採幼兒個人描述的方式，每位幼兒都被視為獨特的；報告中包含幼兒成長的證據、獨特的優缺點，通常用信函或個別會談的方式報告。

肆、遊戲課程實施的發展取向

　　兒童發展是由簡單至複雜、由自我至與他人互動、由具體至抽象的發展和改變過程，遊戲隨著兒童發展而有下列四種基本的發展和改變趨向（Garvey, 1991）：

1. 生物的成熟：隨著兒童身體和心理的成長，兒童獲得新的遊戲技巧和能力。

2. 精緻和複雜：遊戲隨著兒童年齡增長而變得更複雜，遊戲中可能結合兩個或更多的資源。

3. 透過計畫和想法的控制：兒童操弄環境或改變現實，較少依賴玩具或材料，而能運用他們自己的想像。

4. 更廣泛的經驗基礎：當兒童看見或經驗物質和社會事件中的因果關係，他們能運用這些想法做為扮演的主題。

　　根據幼兒發展與遊戲的研究，幼兒動作、認知、語言和社會情緒的發展領域都呈現在幼兒的遊戲中，遊戲具有整合幼兒各方面發展的本質（Frost, Wortham, & Reifel, 2008: 148; Johnson et al., 2005: chap. 5）。根據遊戲和發展之相關性或實驗性研究以及質性研究，遊戲在幼兒發展的角色，一方面是遊戲反映發展，遊戲是展現幼兒當前身心各方面發展情形的一扇窗；另一方面是遊戲促進發展，遊戲是短期或長期增強或改變發展的媒介和管道。遊戲關聯到幼兒的身體健康和動作技能、數學概念、口語溝通、讀寫萌發、社會技巧、觀點取替、情緒理解和調節，以及問題解決和創造力之發展領域（Broadhead, Howard, & Wood, 2010; Johnson, Sevimli-Celik, & Al-Mansour, 2013; Singer, Colinkoff, & Hirsh-Pasek, 2006）。

　　美國全國幼兒教育協會（National Association for the Education of Young Children）綜合參照各種幼教文獻和幼教工作者的評論意見，發表零至八歲兒童「幼教適性發展實踐」（developmentally appropriate practice in early childhood programs）（Copple & Bredekamp, 2009: 13-14），所謂適性發展著重於因應適合

幼兒個別的年齡、身心發展狀況，與其所處的社會文化情境，並強調遊戲是幼兒發展與學習的重要媒介，遊戲提供機會讓幼兒發展身體能力、象徵和問題解決的能力、語言的能力、與他人互動，以及表達和控制情緒的能力。

幼兒遊戲著重於主動選擇、自發進行活動，並與他人和材料實際互動的學習經驗，在理論概念上主要根源於建構論（constructivism）（DeVries, 2001; Piaget, 1962）以及社會建構論（social constructivism）（Vygotsky, 1978）的發展與學習觀點。

一、遊戲的建構論觀點

強調幼兒主動自發地選擇和進行活動之遊戲取向的學習觀點，主要根源於建構論（constructivism）的發展與學習觀點（DeVries, 2001）；建構論認為幼兒是藉由知識的建構而學習，幼兒基於自己已知的概念運用於建構知識的多樣化互動過程，亦顯示幼兒在遊戲中互動學習的豐富性和重要性（Chaille & Davis, 2016）。根據建構論的觀點，發展是一種重組（reorganization）的過程，發展階段是質的改變，而不是前一階段的擴展或學得更多；潛能的發展是經由個體和環境的互動，是將經驗資料統合成一個有組織的架構，而不是複述一連串事實的能力。因此知識是經由心智的組織過程而逐漸被建構，而不是直接影印外在世界或累積許多事實；知識的建構不是要求幼兒仔細地看、仔細地聽外在實體的靜止狀態，而是應經由幼兒自身實際操作和與環境互動的具體行動（action）（DeVries, 1987: 20-21; Forman & Fosnot, 1982）。自發性的遊戲經驗即是幼兒主動建構智慧的一種具體行動，其中涉及與環境中的物體、事件和人們的探索互動。

根據建構論的觀點，人類的智力是一個尋找問題的機關，而不是一個反應答案的機關。幼兒在自由遊戲的物理環境和社會環境中，持續經歷不同問題的情境，而經驗到衝突、矛盾和不平衡，表現驚奇和訝異；想要解決這個衝突，認知基模因而產生互動，促使幼兒需要再評估自己的觀點，突破自我的限制，轉換物體、事件和對於他人的觀點，自我調整和建構一個思考這些情境的新方式和關係系統，

而形成一種「平衡作用」（equilibration）。這種平衡作用是一系列自發探究和自我調整的學習，而不是教師指導的學習。在遊戲過程中，幼兒根據他們自己有關身體、時間和空間的假設而設計和進行的活動，將比教師的教導活動創造更多的反省思考。

建構論者認為發展的進步是顯現於幼兒能反省他自己的思考，發展是增進知覺和考慮思考的過程，因此教育的重點不是教予幼兒事實或正確的答案，而是讓幼兒反省他們如何知道一件事實是真的，有意義的學習只產生於學習者能問他自己的問題，這個信念著重於學習的深度（Forman, 1987）。幼兒的自發遊戲提供其探索、預測、試驗和操作的機會，這些是建構知識的要素；幼兒在遊戲中呈現自己的想法、表達情感、與人互動、解決衝突，並發展想像和創造力，這即是一種探究的過程（NAEYC and NAECS/SDE, 1991）。因此從建構論的觀點檢視遊戲的意義，遊戲的主動性並非僅是外表的口語或動作表現，主要是涉及心智的反省；遊戲的自發興趣也非僅是短暫的、空泛的，而是持續維持幼兒積極投入心智活動的動力來源，同時也在心智活動過程中持續擴展其興趣的廣度和深度。

幼兒園的遊戲環境要能激發幼兒建構知識和探究的過程，參照建構論的環境互動觀點，其中需包括下列四項要素（Saunders & Bingham-Newman, 1984: 65-86）：

1. 活動：提供幼兒主動探索物理和社會環境的活動，按照他們自己的能力操作物體、探索材料、試驗假設、解決問題、解決爭論、尋找資料、驗證答案、激發自己和他人，並進行社會互動。

2. 變化：環境要隨著幼兒的需要而適當地變化，這種改變能引發幼兒持續的探索，在各種活動和情境中試驗自己的思考系統，使之前的概念能建立和併入新的概念，辨認和追求自己改變中的興趣。

3. 智力的誠實：為了促進智力的誠實，使幼兒願意從錯誤中學習而建構知識，必須讓幼兒有使用材料和試驗預測的機會、信心和安全感，表達他們真正想的和感覺的，並能獲得心理動作、情意和認知領域的發展經驗。

4. 多樣化：每位幼兒的發展水準、經驗和興趣不同，各有其獨特性，時間和活動需因應個別幼兒而有所不同，讓不同的幼兒在不同的領域花費不同的

時間，使用相同的材料做不同的事，或使用不同的材料做不同的事，或使用不同的材料做相同的事，並利用自己在活動中所學得的，分享各自獲得的經驗。

在教師角色方面，遊戲取向的學習方式著重於幼兒的自我激發和自我引導，因此教師必須改變對於幼兒以及對於自己的觀點，認識幼兒需要實際的具體經驗以組織新的資料，並且視自己為學習的催化者（或促進者）（facilitator）而較少是教導者，才能支持幼兒的遊戲行為和同儕間的互動（Sponseller, 1982）。

從幼兒自身是知識建構者的觀點檢視遊戲取向的課程，教師在教學上有關「幼兒如何學習」的基本假定，是著重於表 4-1「教學的假定」右欄之「發展存在於內在增強的發現和發明的學習過程」，注重幼兒的自發探索和自由遊戲；相對地，如教師相信左欄之「發展存在於學習外界增強的特定概念」，則注重教師自己特定的教學。

二、遊戲的社會建構論觀點

建構論強調學習是主動的過程，社會建構論則進一步強調社會及人際互動對學習過程的重要性。參照 Vygotsky（1978）的社會文化理論，心智發展是一種複雜的社會化過程，認知發展是在社會文化的情境中進行，同時也受到社會文化的影響。Vygotsky 提出遊戲為幼兒創造了一個「最近發展區」（Zone of Proximal Development, ZPD），所謂最近發展區是指一個假設的、機動的、能產生學習與發展的敏感地區。學習與發展從兒童出生起即相互關聯，為了發現兒童發展過程與學習可能性的真正關係，必須要確定兩種發展水準：一是真正的發展水準（actual developmental level），這是兒童已經被建立之心理機能的現有發展水準，是兒童自己即能獨立解決問題的心理能力。通常使用測驗測知一位兒童的心理年齡，即是針對兒童真正的發展水準而言；二是潛在的發展水準（level of potential development），這是經由成人指引或與較有能力的同儕友伴合作解決問題，而可能達到的發展水準。「最近發展區」的意義即是在兒童現有的真正發展水準與可能達

表4-1 教學的假定

假定一：發展存在於學習外界增強的特定概念	假定二：發展存在於內在增強的發現和發明的學習過程
按照假定一的教學情況	按照假定二的教學情況
幼兒的一個錯誤，暗示教師教學的不適當，必須將教學分成更小的步驟。	幼兒的一個錯誤，暗示幼兒如何組織資料，讓幼兒進行造成他困難的次級過程。
知識是許多事實，為了評估課程的成功，要問幼兒特定的問題。	知識是一個瞭解的系統，為了評估課程的成功，要觀察幼兒如何解決新的問題。
資料應以適當的次序呈現，注意適當地排列教課的順序。	資料的組織由幼兒自己逐漸建構，學習的發生可能是插曲式的。
學習的移轉只能發生在相當類似的概念之間，要確定呈現各種相同材料的形式。	由於共同的思考課程，學習的移轉發生在廣泛不同的內容材料之間，要確定分析每個材料領域的認知需要。
幼兒記憶的貧乏表示幼兒對於事實學得不夠好，需要更多的練習和重複。	幼兒記憶的貧乏表示幼兒沒有將他的思想組織得很好，幫助幼兒發展將新知識關聯到舊知識的方式。
幼兒缺乏注意表示幼兒未被激發，教師要對幼兒增加熱心和稱讚。	幼兒缺乏注意表示幼兒未被激發，讓幼兒更換到一個更有趣的工作。
學習是知道要做什麼反應，為了評估幼兒的學習程度，要測量正確反應的次數。	學習是知道為什麼我們在一個特定的情境做反應，為了評估幼兒的學習程度，要辨認各種情境之間的反應類型。
學習隨著練習增加，教師要使學習變得困難，給幼兒更多稱讚，幼兒將會努力地學習。	學習隨著知覺增加，鼓勵幼兒思考解決問題的過程，即使是容易的問題。
發展的增進是知道在一個特定社會中追求什麼目標，教師在心中存著一個特定的目標去接近孩子，並且稱讚孩子朝著那個目標工作。	發展的增進是知道如何從含糊的和相牴觸的資料中建構目標，讓幼兒建構他自己的目標，並且支持他所有的努力。

資料來源：引自 Forman & Kuschner（1984: 171）

到之較高的潛在發展水準之間的一段距離，幼兒今日所在的最近發展區，透過學習的過程，將是明日真正的發展水準，幼兒今日在成人或同儕的協助下所能做的，將是明日他自己能獨立做成的。因此好的學習應是超越現有發展的階段，朝向發展的一個新階段，發展的過程是跟隨在學習的過程之後，學習引導發展的前後關係即形成了最近發展區。唯有讓幼兒與其所處社會環境中的人們互動合作，學習才能喚醒幼兒內在的內化發展過程，藉以變成幼兒獨立發展成就的一部分。

Vygotsky 提出遊戲為幼兒創造了一個「最近發展區」，是指幼兒在遊戲中經由人際社會的互動，包括成人指引或與較有能力的同儕友伴合作解決問題，可以引導幼兒的發展，由現有已被建立之真正的發展水準，進一步提升到潛在的發展水準；Vygotsky 認為遊戲顯示了幼兒最近發展區內最佳的發展水準，亦即顯示幼兒真正的發展水準以及潛在的發展水準之間的學習潛力，幼兒在遊戲中的表現總是超越他的年齡和日常行為，在遊戲中兒童似乎比他自己高出一個頭，就像是放大鏡的焦點，遊戲以濃縮的形式包含了所有發展的趨勢，而且遊戲本身就是發展的一個重要來源（Vygotsky, 1978: 102-103）。Vygotsky 特別強調想像遊戲是引導幼兒發展的主要因素，想像遊戲需要物品的替代、假裝的虛擬情境，以及配合社會規則的扮演動作和語言行為，因此可促進幼兒的抽象概念、抽象思考、彈性自我規範，和接納他人觀點的發展（Vygotsky, 1977, 1978: 95-99）。

根據 Vygotsky 最近發展區的理論概念，幼兒的發展是動態性、需要引導的過程，而不只是等待能力發展的結果，在遊戲為幼兒創造的「最近發展區」內有效的教學互動，是經常配合幼兒的能力和需要，搭建和採用如建築工地暫時使用的建築物「鷹架」（scaffolding）（Moll, 1992），讓幼兒與成人或能力較高的同儕互動中獲得社會支持和鷹架維持，藉以協助幼兒超越現有的發展水準，建構更高層次的發展水準。參照鷹架的概念，幼兒是一個主動建構自我的建築體，社會環境則是協助幼兒持續建構更高層次之新能力的必要支架，鷹架幼兒遊戲過程中的發展與學習，即著重於提供幼兒遊戲的人際社會互動過程。遊戲為幼兒所創造的「最近發展區」也是一個重要的評量結構，遊戲以濃縮的形式包含了所有發展的趨勢，幼兒遊戲中的學習評量即需包含幼兒在遊戲情境的全面發展和學習，真實

反映幼兒的發展和能力。

參照上述遊戲與發展的關係以及遊戲的建構論與社會建構論觀點，歸納遊戲課程的實施面向：在環境空間方面，遊戲環境要能激發幼兒建構知識的探究過程，提供幼兒主動探索的物理和社會環境，讓幼兒探索材料、試驗假設、解決問題、尋找資料、驗證答案，並進行社會互動；在時間安排方面，遊戲的主動性和自發興趣並非僅是外表短暫的口語或動作表現，而主要是涉及心智的反省和持續投入心智活動的動力來源，因此需要足夠的時間讓幼兒在遊戲的心智活動過程中持續擴展興趣的廣度和深度；在教師角色方面，幼兒遊戲過程中，教師須視自己為學習的催化者或促進者，隨時因應幼兒的發展水準鷹架幼兒的遊戲與學習，藉以協助幼兒超越現有的發展水準，建構更高層次的新能力；在課程計畫方面，每位幼兒的發展水準、經驗和興趣各有所同，因此須因應幼兒的個別差異和獨特性，計畫各種活動和情境引發幼兒持續的探索，讓幼兒試驗和建構他們自己的思考系統；在幼兒評量方面，遊戲以密集的形式包含幼兒各種發展的傾向，因此幼兒遊戲中的評量亦須包含幼兒全面發展和學習，真實反映幼兒的發展和能力。

伍、綜合遊戲課程實施的取向

自發產生、自由選擇、熱烈參與、彈性發展、積極互動且樂在其中的遊戲概念，融入幼兒園的課程中，遊戲課程實施的實施取向即是趨向於個別化的經驗取向、過程取向、幼兒取向，以及適合幼兒發展和主動學習的發展取向。

遊戲課程實施的經驗取向，強調課程是幼兒與環境因素交互作用的所有經驗，每位幼兒均有其自己的課程；遊戲課程實施的過程取向，強調遊戲是幼兒生長或發展的過程，可能產生各式各樣變化的學習結果；遊戲課程實施的幼兒取向，強調幼兒此時此地的興趣、需要、能力是課程設計的核心，課程組織著重於幼兒經驗的統整；遊戲課程實施的發展取向，則強調遊戲是幼兒發展與學習的重要媒介，讓幼兒主動自發地選擇和進行遊戲，在社會及人際互動中建構知識和提升發展水準。

　　綜合本章所論遊戲課程實施的經驗、過程、幼兒和發展的取向,顯示其中涉及課程實施的因素主要包括空間、時間、教師、計畫和評量:

1. 環境空間方面:教育環境的設計要能鼓勵幼兒自由選擇、自由探索、進行有意義的學習,即安排開放的遊戲環境,組織成各種遊戲區,讓幼兒參與和投入遊戲。

2. 時間安排方面:由幼兒的興趣與需要決定時間的運用,讓幼兒有充分和完整的時間建構他們自己的遊戲。

3. 教師角色方面:要規劃能鼓勵和支持幼兒遊戲的情境,扮演學習的催化者或促進者的角色,配合幼兒的發展水準,提供人際社會互動和協助,鷹架幼兒遊戲過程中的學習,藉以提升幼兒更高層次的能力。

4. 課程計畫方面:遊戲是一種萌發的課程,不是事先規定的;將目標視為可繼續修正的,以過程或程序來敘述,並確定有關幼兒發展和成長的廣泛目的;計畫著重於彈性規劃遊戲環境和廣泛思考遊戲的可能方向,計畫常是在遊戲的過程中同時進行。

5. 幼兒評量方面:觀察是主要的評量技術,並盡量詳細描述幼兒的遊戲行為,注重幼兒在遊戲過程中的全面發展和整體學習經驗。

　　本章論述幼兒遊戲課程實施的取向,接著將參照本章論及遊戲課程實施的因素,進一步分章闡述各項課程因素的實施方式:第五章闡述遊戲的環境空間(規劃幼兒遊戲的空間),第六章闡述遊戲的時間安排(提供幼兒遊戲的時間),第七章闡述教師在幼兒遊戲過程中的角色(幼兒遊戲中的教師),第八章闡述如何計畫遊戲經驗(幼兒遊戲經驗的計畫),第九章闡述如何從遊戲中瞭解幼兒的發展與學習情況(遊戲中的幼兒評量)。

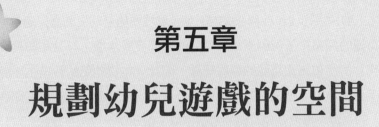

第五章

規劃幼兒遊戲的空間

　　在日常生活中，幼兒在家裡的客廳、臥室、浴室、前院、後院等地，隨時皆可隨興遊戲，而在幼兒園環境中，一般以為戶外的庭院或場地才是遊戲的地方，室內則應是用來上課或進行老師設計的教學活動；有鑑於此種誤解，本章內容主要是以遊戲的概念去思考、規劃和運作一般幼兒園的室內空間，使其成為支持幼兒遊戲的遊戲室，而避免以上課教室的概念去布置和管理。這些室內遊戲亦可自然地延伸至戶外、或是在戶外進行；同樣地，一般在戶外進行的體能遊戲，亦可能在室內進行。參照前章所論遊戲課程的環境空間取向，教育環境的設計要能鼓勵幼兒自由選擇、自由探索、增進有意義的學習，即安排開放的遊戲環境，建構成各種遊戲區或遊戲角，讓幼兒參與和投入，本章即按此環境空間取向，討論幼兒園遊戲室的空間組織、遊戲材料的選擇，以及遊戲區的器材與運作。

壹、遊戲室的空間組織

　　走進一般幼兒園的教室，常可看到牆壁或門窗上貼了許多生活常規的圖案和標語、1 至 100 的數字表、注音符號、兒歌詩詞、國字，和有關單元的圖案和字句等，老師們顯然花了很多時間在這類教室「面」的布置上，例如畫畫、書寫、剪貼、懸掛等，準備讓幼兒隨時觀看，而幼教老師也常被強調要會畫、會美工，這類型教室布置背後的教學假定是幼兒可藉著視覺的接收印象，學到這些布置出來的表面概念或知識。然而，參照前章所論建構論的環境互動觀點，幼兒園環境

需提供幼兒主動探索物理和社會環境的活動，環境要隨著幼兒的需要適當地變化，因而引發持續的探索，並能因應每位幼兒的不同發展水準、經驗和興趣，讓其獲得心理動作、情意和認知領域的發展經驗。因此，布置幼兒的教室主要憑藉的不是教師的美工技巧，而應是其對於幼兒身心發展的瞭解和感應能力，即著重於教室的「體」的布置，提供幼兒具體的遊戲情境，讓幼兒得以親身經驗與玩伴之間、成人之間，以及各種玩具和材料之間的關係，並從這些實驗經驗中去發展、建構和調查人際的規則、數字、文字的意義，或有關單元或主題的概念等（黃瑞琴，1991b）。所謂具體的遊戲情境，即是整體地規劃幼兒遊戲室的空間組織。

在家裡的日常生活情境中，幼兒可能隨興地在客廳的沙發上扮家家、在媽媽的梳妝臺前扮演，然後在飯桌上畫圖、在牆角的廢紙堆翻找剪貼的紙，然後又跑到後院或陽臺的沙堆玩沙，傍晚時就在浴室一面洗澡一面玩水，遊戲的地點隨著興趣的發展而彈性變換或連結。而在幼兒園的生活情境中，為了同時因應一群幼兒團體中每位幼兒不同的興趣、發展程度和經驗背景，並支持每位幼兒在遊戲中建構他自己的世界、關係和角色，各類遊戲的地點和材料放置需予以適當的組織和運作，讓二、三十位幼兒能同時遊玩和取用材料，並持續支持每位幼兒發展遊戲的情節。

在幼兒園中各類遊戲材料放置的位置，即形成各個遊戲區域。在幼兒園的室內（或走廊、戶外）設置的各個遊戲區域（或幼教界一般通稱的遊戲角、興趣角、學習角或角落），按照其遊戲方式或材料種類的不同，通常可分為：積木、操作、語文（圖書）、扮演（娃娃家）、戲劇（偶戲臺）、美勞（繪畫、勞作、泥工）、益智（數學）、科學、音樂、木工、玩沙（沙箱）或玩水（水盆）等。這些遊戲區需要從幼兒的觀點，組織結合成一個支持每位幼兒自發遊戲、主動學習的環境，即支持每位幼兒自我引導、盡量參與材料和人際的世界。幼兒在遊戲過程中，與材料、成人和其他幼兒的自發性互動是幼兒遊戲課程的基礎，亦是幼兒成長和發展的主要方式（Phyfe-Perkins & Shoemaker, 1986）。

綜合參照有關幼兒遊戲或學習環境的研究或論述（Alward, 1973; Day, 1983: 163-208; Forman & Kuschner, 1984: 188-191; Phyfe-Perkins & Shoemaker, 1986; Saunders & Bingham-Newman, 1984: 74-93），幼兒園遊戲情境的組織主要須呈現下列的性質和要點：

一、自發性：引發和延續幼兒的遊戲

1. 將開闊的室內空間以櫥櫃、架子、桌子或隔板等分隔成各個遊戲區域，讓幼兒選擇和專注於遊戲之中，以避免開闊的空間常引起喧鬧或奔跑行為。

2. 改變地板的顏色、材質或高度（如：地毯、平臺），改變直立的界限（如：小房間、架子、展示架），或改變燈光照明的程度，以界定遊戲區的範圍和特性，能清楚辨認的遊戲區可增進幼兒與設備材料之間的互動。

3. 從幼兒的視線和高度看，使遊戲區之間留有清楚的流動路線，方便幼兒轉換或聯絡遊戲區；清楚的路線引導幼兒進行遊戲，增進幼兒與設備材料之間的互動，並避免正進行中的遊戲被干擾而中斷。

4. 材料和玩具有系統地分類放置在開放、低矮、不擁擠的架子上，或分類放在籃子或盤子等透明可見的容器裡，讓幼兒一目瞭然，藉以潛在地邀請和吸引幼兒前來使用，並能自行找到他們需要的材料和玩具；或是將材料和玩具的圖案或名稱文字標示在其放置的架子或容器上（如標示：剪刀、鈴鼓、拼圖等），讓幼兒辨識配對材料玩具和其標示，自行取拿和收拾放回原位。

5. 有足夠的空間讓幼兒操作遊戲材料，如空間有所侷限，則彈性設定遊戲和取拿材料的地方；有足夠可用的材料，讓幼兒能延續其探究的路線和完成他想做的活動。

二、相容性：產生相容和共存的遊戲行為

1. 將性質相似的遊戲區設置在相鄰的位置，使兩者產生相容和共存的行為，可參照 Brown（1975）提出的簡圖（參見圖 5-1「遊戲區的位置」），將教室大致劃分為四類性質（動態、靜態、用水、不用水）的遊戲區域，將

圖5-1　遊戲區的位置

資料來源：引自 Brown（1975）

　　性質相似的遊戲區設置在相鄰的位置，例如，玩沙、玩水、水彩畫和種植的遊戲區皆屬於動態、用水的性質，可設置在相鄰的位置；反之，如將動態的木工角設置在靜態的圖書角旁邊，木工吵雜的聲音和閱讀圖書的安靜行為就無法相容共存。

2. 可用隔板或屏風形成一個安靜的遊戲區，此隔板或屏風也可用來張貼或懸掛作品；聲響較大的動態遊戲區宜設置在單獨的小房間、走廊或戶外，以避免聲響干擾遊戲室內的其他幼兒；積木區鋪上一大塊地毯，以減少積木在地上堆疊碰撞的聲響。

3. 需要用水的遊戲區宜靠近水槽、廁所或取水處，以方便幼兒取用水；地面

宜方便清理的水泥或磨石子地，不宜怕潮濕的地毯或木板。

4. 需要自然光線的遊戲區（如：科學區、圖書區）宜靠近窗戶設置。

三、互惠性：產生互惠和相互激發創意的遊戲行為

1. 各個遊戲區之間有所劃分，亦需保持相當彈性的結合，每一區的材料能有效地和相鄰區域的材料結合使用，使相鄰近的遊戲產生互惠和相互激發創意的關係，讓各個區域的遊戲情節得以自然地延伸。例如，沙箱靠近繪畫角放置，可能引發幼兒使用沙來作畫（沙畫）；相鄰的扮演角和大積木角的設備材料可相互流通運用，結合扮演和建構性的遊戲；大積木角和操作角的小型拼接積木亦可結合使用，激發更多創意；相鄰的美勞區和木工區，幼兒可運用美勞材料裝飾木工作品。

2. 室內減少固定的分隔牆壁或柱子，多使用可移動的架子、櫃子、屏風、隔板、桌子、畫架、地毯、平臺、布簾等，以因應幼兒遊戲的進行和興趣的發展，彈性地變換和結合遊戲區，使材料能相互流通和運用，例如，當幼兒將扮演的衣飾搬運到積木區以後，扮演區即可和積木區結合。

四、多樣性：讓幼兒有所選擇和自由運用

1. 多樣性是指各種不同的遊戲材料和空間之數量，讓幼兒以他們自己的興趣和學習速度選擇遊戲，從容地操作、探索和扮演；當幼兒結束某一個遊戲，需有其他材料和空間可供其選擇，繼續自發地進行遊戲。

2. 材料的種類因應個別幼兒不同的能力和經驗，例如，提供不同難度或複雜度的拼圖、玩具或美勞工具材料，讓每位幼兒得以按其能力和經驗做不同的選擇運用；提供不同的遊戲材料、時間和空間，允許一種遊戲可能有各種玩法，例如，玩水箱旁放置拖把和毛巾，以備讓可能濺水的幼兒使用，水箱裡放置管子和容器，以備讓想要試驗的幼兒使用，水箱放在分隔的單獨區，讓幼兒有時間從容地感受水從指間流過的感覺。

3. 因應有些幼兒可能需要在室內從事粗動作遊戲，以發洩精力或舒展情緒，可在室內設置體能區或大肌肉活動區，提供攀爬架、牆面攀爬繩網、牆角的拳擊袋等體能器材。

4. 提供單獨遊戲和合作遊戲的空間和材料，讓幼兒選擇獨自玩（如：拼圖）或是和其他幼兒一起玩（如：玩水、玩沙）。

五、轉換性：讓幼兒發現物體轉換（transformation）的關係

1. 根據建構論的觀點，知識來自於心智主動建構物體之間的關係，知識的發展是經由學習物體如何移動、物體如何改變位置和形狀，以及物體如何改變它們與自己和其他物體的關係，因此，幼兒遊戲的物理環境要能因應幼兒轉換空間和物體的需要。

2. 教室的桌子不要太重，讓幼兒在遊戲過程中，能因遊戲需要而自行搬動桌子；使用架子、箱子、隔板、拼接式地毯等不固定的設備，讓幼兒得以彈性地移動和轉換；室內設置高臺或攀爬架，讓幼兒從上面往下看室內的東西時能一目瞭然，藉以轉換幼兒的觀點和視線；牆上掛大鏡子，增加幼兒對身體的知覺和對照的經驗。

3. 遊戲場地的轉變，亦可能引發新的興趣、感受和觀點，例如，一般的室內遊戲可移至戶外進行或延伸至戶外，使室內和戶外之間可連續地自由移動，美勞區可延伸至戶外鄰近水源的位置，科學區可延伸至戶外的動物屋、植物園、菜圃等。

4. 各種遊戲空間的數量和安排隨著幼兒的需要而改變，例如，當幼兒的扮演情節變得較複雜，扮演遊戲可能被伸展至積木角或其他地方（如：牆角、樓梯口或戶外）。

六、社會性：增進幼兒之間的社會互動

1. 社會互動讓幼兒觸及各種想法、協調自己和他人的觀點，宜提供清楚界定

的遊戲區，可容納一小組幼兒（約五、六位）專注地一起玩，進行社會互動，不致受到外來干擾；清楚的通道能引導幼兒進入適當的遊戲，如通道太窄，可能引發不合適的流動，干擾到正進行中的遊戲。

2. 設備或材料的安排可能產生社會互動的功能，例如，幾張椅子圍繞著一張桌子放置，或鋪設一塊較大的地毯，可鼓勵幼兒一起坐下來談話；提供大型建構積木、大型工作臺、團體的畫架或扮演遊戲器材，可引發幼兒一起使用或在一起玩；入口懸掛門簾（而不是一個關閉的門）的小房間，可吸引和邀請幼兒進來一起玩。

3. 簡單地改變設備位置可鼓勵幼兒之間的互動，例如，放置沙箱的位置，要讓幼兒能分別圍在沙箱的四周，以引發幼兒之間有視覺接觸而相互談話；美勞的工作桌不要靠著牆壁放置，而是讓幼兒能圍坐在桌子四周，相互觀賞彼此的創作過程或交換意見。

4. 根據有關空間密度（意指每位幼兒可用的空間大小）的研究（Phyfe-Perkins, 1980）顯示，空間密度如少於 30 平方呎（2.7 平方公尺），幼兒將會增加非參與行為，包括：違規、旁觀、隨意和無目的的行為，而教師也會對幼兒產生更多的控制行為；空間密度如再減到 25 平方呎（2.25 平方公尺）以下，幼兒的攻擊行為將明顯增多，而互動的團體遊戲則明顯減少；因此最好避免讓幼兒處在每人少於 30 平方呎（2.7 平方公尺）以下的空間密度。如遊戲室太過擁擠，則需重新安排傢俱以增加更多可用的遊戲空間，或減少室內的幼兒人數。

5. 減少一個場所的材料和設備數量，可能增加正面的社會互動（分享和積極接觸）和負面的社會互動（攻擊），增加材料則有相反的結果（減少攻擊行為和社會接觸），因此如要增加幼兒遊戲的社會互動，一個方式是減少場所內的材料和設備數量，但需注意不要減少過多，否則可能產生高度的攻擊行為；另一方面，如遊戲中呈現過多攻擊行為，提供較多設備材料將可減少爭執和降低攻擊行為。

6. 能支持遊戲和社會互動的物理空間需有柔軟性（softness），柔軟性是指像

在家裡的感覺一樣舒適、自在，幼兒園能提供柔軟性的室內設備或材料，例如：舒適的傢俱（如：搖椅和大枕頭）、大地毯、抱著和撫愛的動物、麵糰、黏土、沙、水、手指畫、黏土、布偶等（Prescott, 1978）。

7. 當教師在某個遊戲區與一小組或個別幼兒互動時，需同時能觀看到整個遊戲室，因此遊戲區之間宜使用低矮的分隔櫥櫃，或讓教師能以幼兒的視覺高度與幼兒互動，同時也能一眼看見整個房間，顧及其他幼兒的遊戲情況。

參照以上列舉的遊戲情境組織和運作要點，教師可持續評估和調整幼兒遊戲環境的品質，增進遊戲環境的自發性、相容性、互惠性、多樣性、轉換性和社會性，以支持每位幼兒與材料及其他幼兒的互動和學習。

貳、規劃遊戲室的實例

以下接著引述有關規劃幼兒遊戲室的三個實例，並配合平面圖，藉以更具體顯示遊戲室的空間組織情形。

一、教室環境的個案研究

教師Walling（1977）曾在自己任教的一班三、四歲幼兒的教室，進行有關教室環境與幼兒行為的個案研究，首先，Walling覺察到幼兒在教室遊戲時間常出現下列行為：

1. 很多攻擊性行為。
2. 很多莽撞的遊戲。
3. 很少使用扮家家角。
4. 很少從事戲劇遊戲。

Walling 仔細觀察教室的陳設，發現下列四個問題（對照圖 5-2「原來的教室遊戲區」標示的四個數字），可能使得幼兒遊戲的品質降低：

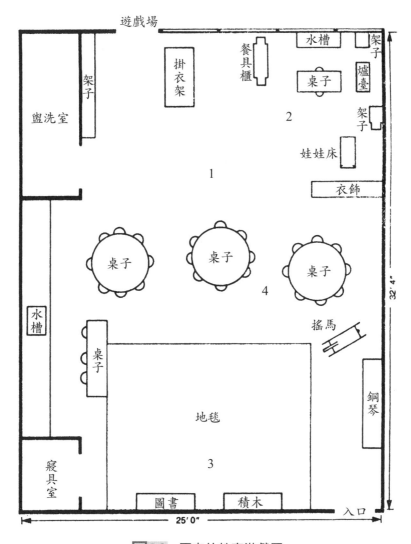

圖5-2 原來的教室遊戲區

資料來源：引自 Walling（1977）

1. 教室中間有太多開闊的空間，因而可能造成大量的追逐和莽撞遊戲。

2. 不同的遊戲區（積木、圖書、藝術和扮家家）之間沒有確定的範圍，例如，扮家家區位在室內一個開闊的角，結果似乎沒有家的感覺，扮家家的

設備玩具常被散放在整個教室。

3. 有些鄰近的遊戲區彼此衝突、不相容，例如積木區（喧鬧的）和圖書區（安靜的）設置在一起。

4. 室內沒有清楚的通道，幼兒從教室入口走到另一邊，必須經由積木區和一排美勞工作的桌子，以致常踢倒其他幼兒的積木建構或干擾正在進行的美勞工作，而造成幼兒之間的不愉快。

針對這些問題，Walling 重新安排教室的空間組織，她運用下列四個方式（對照圖 5-3「修訂的教室遊戲區」裡標示的四個數字）：

1. 更動桌子的位置，在開闊的空間加放分隔板（約五呎寬、三呎高）或櫃子。

2. 使用分隔板或櫃子確定扮家家和其他遊戲區的範圍，使扮家家區產生像在家裡的安全感，幼兒也不致直接衝入積木角。

3. 用鋼琴和分隔板構成一個隱藏區和躲藏的角落，其中加放一個墊子，讓幼兒坐、跳或翻滾，形成室內的大肌肉活動區。

4. 重新調整遊戲區的位置，使其彼此之間有更好的關係，例如，分開性質不相容的積木區（喧鬧的）和圖書區（安靜的），而將性質互惠的扮家家區和積木區放在一起；圖書區設在入門處，讓幼兒一進室內即慢下來，產生安定的作用。

幼兒經過一個星期適應新的教室空間組織後，Walling 觀察幼兒的遊戲行為開始發生下列改變：

1. 增加使用扮家家區和積木區。

2. 粗暴和攻擊的行為以及追逐和莽撞遊戲明顯地減少。

3. 幼兒在遊戲區更專注於活動，並且將活動完成。

另外，Walling 發現自己花較少的時間在解決紛爭和管教幼兒，而有較多時間在幼兒遊戲時坐在他們身邊輔導或幫助他們，與幼兒做積極的互動。

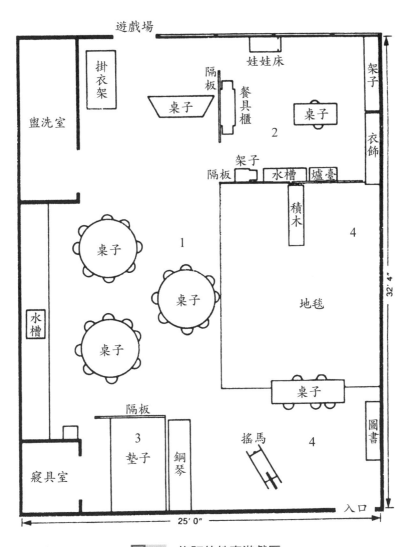

圖5-3 修訂的教室遊戲區

資料來源：引自 Walling（1977）

二、開闊的空間和分隔的空間

另外一個組織遊戲室的實例，是以教室生態的觀點比較開闊的空間和分隔的

空間（Day, 1983: 172-176）。在開闊、無分隔的教室空間（參見圖 5-4「開闊的
遊戲室空間」），幼兒常呈現下列非建設性的行為：

　　1. 幼兒的聲音和移動使人分心，產生很多吵雜和攻擊的行為。

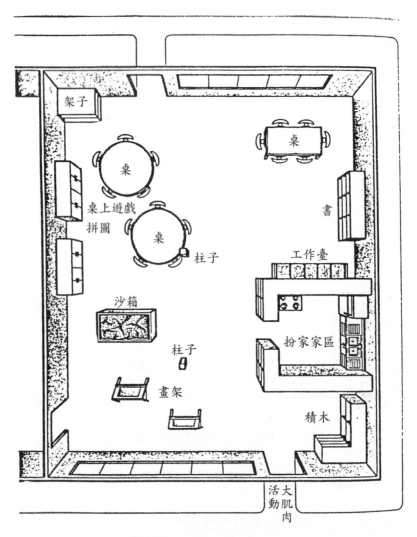

圖5-4　開闊的遊戲室空間
資料來源：引自 Day（1983: 173）

2 幼兒不能專心完成工作，活動顯得很匆忙、散漫和經常被打斷（如：畫架的畫畫常沒有完成，筆劃是粗糙的，幼兒很少嘗試細節或試驗顏料）。

3. 幼兒之間沒有長期持續的接觸，注意力容易分散，大多得聽老師的命令，老師也發現自己常要吼叫。

將開闊的空間分隔成較隱蔽的、隔離的各個區域，可運用下列八個方式（參見圖 5-5「分隔的遊戲室空間」標示的八個數字）：

1. 設置從地板到天花板的分隔物，形成兩個房間的形象，而不再是一個開闊的大房間。

2. 進一步分隔房間，在兩個固定的柱子之間設置五呎高的隔板。

3. 用水槽、爐臺和櫥櫃形成一個隔離的扮家家區。

4. 一座五呎高的軟木板封閉扮家家區的一邊。

5. 幼兒的置物櫃封閉了扮家家區的另一邊。

6. 一座四呎高的三夾板形成從入口到廁所、廚房和後面出口的通道。

7. 一座三呎高的書架形成閱讀區的一邊。

8. 一座三夾板用來形成閱讀區的另一邊。

將原來開闊的空間改變成較隱蔽的、分隔的區域之後，幼兒呈現了下列建設性的行為：

1. 音量減少。

2. 不在室內奔跑。

3. 選擇要從事的活動。

4. 留在各區內較長的時間。

5. 專心於活動。

三、設置遊戲角

幼兒園如設置在一般的公寓或樓房建築，主要可簡單地使用桌子和櫃子分隔遊戲角，並配合原來的房間格式，將較大聲響的遊戲（如：音樂、木工、玩沙、

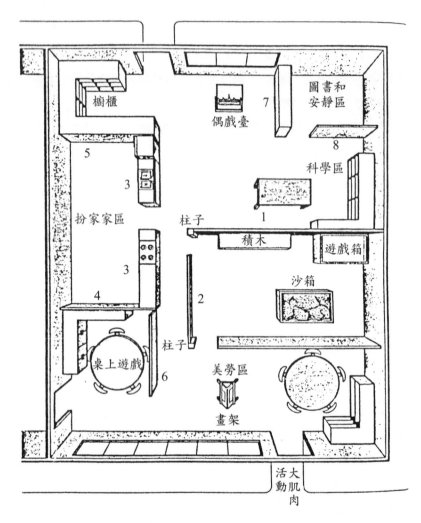

圖 5-5　分隔的遊戲室空間
資料來源：引自 Day（1983: 175）

大積木等）設置在單獨的小房間或屋外的庭院，如此即可在每間教室內外（庭院）設置許多遊戲角，包括：創作角、美術角、縫工角、泥工角、黑板角、裝扮角、傀儡演戲臺、木工角、圖書角、音樂角、沙箱、池地、科學角、大積木角、益智角和玩具角（參見圖 5-6「教室的遊戲角」）。

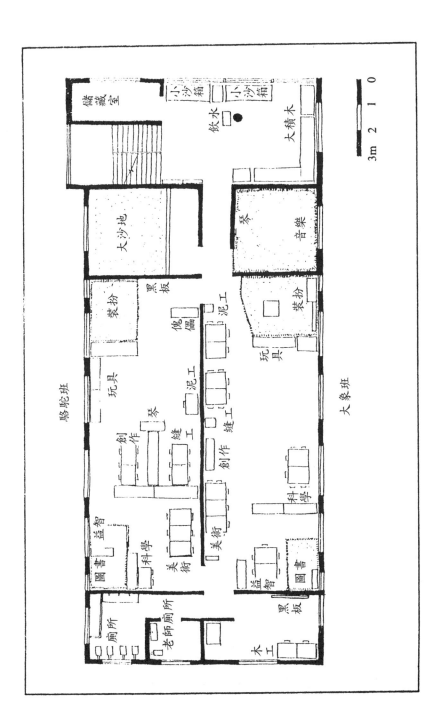

圖 5-6　教室的遊戲角

資料來源：引自劉玉燕（1990）

圖 5-6 所示之遊戲角如此細分，參照筆者訪問該幼稚園園長個人的實際觀點（黃瑞琴，1991a），是考慮到如本章前述之自發性和互惠性的原則，該園園長說：

> 「我們分角落分得這麼細，是想孩子還小，這樣可以吸引他。他想要縫東西，縫工角有幾個位子可以坐進來；想要畫畫，那邊有畫畫的創作角。這樣讓他滿清楚的知道今天我到學校來，我要到那個角，這樣對於老師也不麻煩。老師整理時，看到缺少線，也可以趕快拿線給孩子縫。角落這樣清楚，可以說孩子連接各個角玩，像娃娃家裡面，可以拿玩具角的玩具當作什麼，玩具角的孩子可以請娃娃家的客人來這裡當什麼。」

參、遊戲材料的選擇

本章前述之遊戲室的空間組織要點，其中涉及了材料的呈現方式，本節將進一步分析遊戲材料的各種性質，其中包括：發展性、真實和結構性，以及開放和轉換性。

一、發展性

幼兒各種發展領域可能包含的材料和設備，可參見表 5-1「發展領域和材料設備」所示。在幼兒的遊戲過程中，各種遊戲材料可能提供幼兒某一方面或多方面的發展和學習經驗，如從幼兒的發展經驗分析，身體方面的發展經驗蘊含於能讓幼兒運用身體穩定及移動技能的設備或材料；社會方面的發展經驗蘊含於能讓兩位或更多幼兒一起活動、相處、分享、合作、考慮他人觀點的設備或材料；智能方面的發展經驗蘊含於能讓幼兒觀察、感官知覺、學習概念、分辨、比較、預測、試驗和解決問題的設備或材料；創造力方面的發展經驗蘊含於能讓幼兒發揮想像、表達意念的設備或材料；語言方面的發展經驗蘊含於能讓幼兒說話、傾聽、溝通、

表5-1　發展領域和材料設備

發展領域	材料和設備
身體發展	攀登架、帶輪玩具、積木、輪胎、球、鈕釦框架、穿鞋帶玩具、串珠玩具、形狀卡、平衡木、梯子、剪刀、木工工具、玩沙工具、拼圖和能讓幼兒發展大肌肉或小肌肉的任何其他設備或材料。
社會發展	有關幼兒經驗的材料，如：郵局或便利商店的道具、扮家家材料和能讓兩位或更多幼兒一起工作的活動或經驗。
智能發展	動物、植物、操作的材料、沙、水、木塊、積木、天平、放大鏡、配對遊戲、積木附件（停止標誌、玩具卡車等）、圖書、CD、音響、樹葉、石頭、小樹枝、花、圖畫、拼圖、烹飪活動和能讓幼兒思考和運作的其他材料。
創造力發展	各種顏料、各種不同大小、形狀和質料的紙、黏土、廢物利用、豆子、米、漿糊、金屬線、布、線、編織框架、刀片、剪刀、蠟筆、印製的材料、積木、服裝、吸管、木塊和幼兒能用來表達他們的世界的任何其他材料。
語言發展	圖書、CD、語言經驗的材料、圖表、故事、手指遊戲、布偶、幼兒自製書、扮演的服裝、社會情境與其他幼兒和大人互動的機會。
情緒發展	能讓幼兒獲得成功經驗的任何材料，給予幼兒挑戰但不使其挫敗，讓幼兒獲得成就感。

資料來源：引自 Spodek, Saracho, & Davis（1987: 101）

表達的設備或材料；情緒方面的發展經驗則蘊含於能讓幼兒抒發情感、建立信心、獲得成就感的設備或材料。

　　進一步參照有關遊戲材料和遊戲行為的研究，如表 5-2「遊戲材料和遊戲類型」所示，不同的遊戲材料可能引發不同的社會層次和認知層次的遊戲行為，例如，扮家家玩具可能引發幼兒團體一起進行戲劇遊戲，積木可能引發幼兒獨自地、平行地或團體一起建構積木或進行戲劇遊戲，拼圖則可能引發幼兒獨自地或平行地拼接圖板。老師如果想鼓勵幼兒某種類型的遊戲行為，即可提供和其有關的材料，例如，想鼓勵幼兒在一起玩戲劇遊戲，可提供扮家家玩具、娃娃、裝扮衣服、車輛玩具或積木（Johnson, Christie, & Yawkey, 1987: 177-179）。

表5-2　遊戲材料和遊戲類型

遊戲材料	社會的層次		認知的層次		
	非社會的[註]	團體的	功能的	結構的	戲劇的
扮家家玩具		+			+
娃娃		+			+
裝扮衣服		+			+
車輛玩具		+			+
積木	+	+		+	+
拼圖	+			+	
穿珠	+		+		
藝術結構 （剪刀、顏料）	+			+	
黏土、麵糰	+		+		
沙和水	+		+		

註：「非社會的」是指獨自遊戲和平行遊戲。
資料來源：引自 Johnson, Christie, & Yawkey（1987:179）

　　但是要注意的是，遊戲材料本身並不能決定遊戲的層次和行為，另外還需要考慮個別幼兒的不同能力、經驗和遊戲情境，也可能影響遊戲行為的類型。幼兒獨自反覆操弄某一種材料，可能是因年齡較小（如二、三歲的幼兒），其遊戲的發展傾向於獨自遊戲、平行遊戲和功能遊戲。再者，如從整個遊戲情境去觀察瞭解，幼兒的獨自遊戲和平行遊戲也可能是專注、高目標導向、解決問題或深度的創造行為，表現幼兒之社會能力的穩定性；又根據研究（Pepler, 1986）顯示，有些幼兒和同伴一起玩時，可能呈現較多的創造力，而有些幼兒可能在獨自玩時，較能發揮其想像力和創造力。因此，參照前述遊戲室的空間組織要點，一方面在社會性方面，需提供幼兒社會互動的設備和材料，另一方面在多樣性方面，亦需提供幼兒獨自遊戲和合作遊戲的設備和材料，讓幼兒有所選擇，以因應幼兒年齡和興趣等的個別差異。

二、真實性和結構性

　　再者，從玩具或材料的真實性和結構性分析（Johnson et al., 1987: 179-181），真實性是指一個玩具和真實生活的物品相像的程度，例如，芭比娃娃有細膩的容貌和生活化的裝飾物，因此比一般的布娃娃更具真實性；結構性是指玩具有特定範圍的用途，通常高度真實的玩具即是高度結構的、有其特定的用途，例如，一輛警車的真實複製品只能用來做一輛警車，而較不真實、看起來像積木的車子則是較少結構的，可能用來代表任何一種車輛。圖 5-7「遊戲材料的結構」呈現遊戲材料結構的連續程度，從完全無結構的材料（如：泥土、沙和水）到高度結構的教學材料（如：穿鞋帶板、拼圖、圖形嵌板），後者常只能用於成人指定的一個方式。

　　遊戲材料的真實性和結構性常會影響幼兒的戲劇遊戲，真實的、高度結構的材料可能鼓勵年齡較小如二、三歲幼兒的戲劇扮演，但對於年齡較大的幼兒則可能有所限制。年齡較小的幼兒由於缺乏表徵的技巧，在開始玩戲劇遊戲時，需要扮演主題有關的真實複製品，而當他們年齡較長，表徵的技巧亦隨著成長，即較不需要依賴真實的玩具來扮演；對於年齡較大的幼兒，真實的玩具還可能干擾他們扮演遊戲的想像性。根據研究（Pepler, 1986）顯示，較低結構的材料，如積木、白紙或扮演道具，能促進幼兒擴散性思考，因此，幼兒園宜提供一些較不真實的、較低結構的遊戲材料給年齡較大的幼兒。

泥土	積木	無特定相貌的	細緻的	教學的
		娃娃、車輛等	玩具	材料
沙				
水				
無結構的				結構的

圖 5-7　遊戲材料的結構

三、開放性和轉換性

　　從認知發展的觀點看，幼兒園需提供幼兒開放性的、能暗示多種解答的遊戲材料，而避免侷限於一個正確答案的材料。參照表 5-3「材料的潛在性」所示，暗示多種解答的遊戲材料大多是開放性的、不定型的素材或道具，能讓幼兒自由操作、試驗、探索或即興扮演；例如，扮演區放置積木和不定型的木箱子或組合式木櫃子，可讓幼兒自由運用、想像和扮演不同主題的戲劇遊戲（如：廚房、加油站、開商店等主題），而避免將扮演區定型於市面上出售的一套昂貴而特定的爐子、冰箱和傢俱設備。

　　如進一步從建構論的觀點分析，知識不是被動地影印外在現實，而是心智的主動建構，幼兒的學習不是經由明確地區分物體之間的不同，而是經由自身的行動改變這些物體，知識的建構是經由學習物體如何移動、物體如何改變位置和形狀，以及物體如何改變它們與自己和與其他物體的關係，因此，幼兒認知發展的

表 5-3　材料的潛在性

暗示多種解答的材料	暗示一個正確答案的材料
放有各種材料的箱子（如：三稜鏡、放大鏡、萬花筒）讓幼兒探索	教師用來展示光的特性的一組材料
積木、操作玩具	形狀拼圖、堆疊塔
畫架、畫筆、黏土、手指畫	著色簿、按步驟進行的藝術活動
扮家家區的積木和不定型的器具	娃娃角只有特定的餐具和傢俱
試驗的電池板	機械的玩具（如：拉一條線使它說話）
建議即興演出的錄音帶、各種的音樂形式	特定教學的錄音帶（如：體操法）
可移動的大動作設備（如：厚板、箱子、梯子、繩子、框架、輪胎）	固定的設備（如：鞦韆、滑梯）
沒有答案的故事、各種各樣的圖書	帶有一個特定訊息的圖書、所有的書有相同的結論

資料來源：引自 Saunders & Bingham-Newman（1984: 271）

焦點即是在於增進轉換的思考（transformational thinking）（Forman & Kuschner, 1984）；為了增進幼兒轉換的思考，遊戲材料需能表徵一個物體移動和改變的過程，例如將一個線軸沾上顏料，從斜面滾下，在斜面留下的顏色痕跡即代表線軸運動的過程，這種表徵能促使幼兒建構從點 A（斜面上端）到點 B（斜面下端）的運動過程和改變的連續性，而不僅注意到改變的起點和終點的靜止狀態，這種轉換將能增進幼兒的象徵思考。

開放性、不定型、可隨著幼兒的行動而移動和改變位置和形狀的素材，可讓幼兒實際經驗自己動作和物體之間的關係，而從中建構「物理的知識」（physical knowledge）。物理知識是經由幼兒對物體的動作和經由他對物體反應的觀察而建構，因此物理知識涉及兩類：一是有關物體的運動，著重於幼兒的動作，例如，幼兒試驗在不同的斜面滾彈珠；二是有關物體的改變，著重於幼兒的觀察，例如，幼兒仔細觀察物體加熱時的變化。在選擇可讓幼兒試驗和觀察的物體或材料時，基本上可參照下列四個標準（Kamii & DeVries, 1978）：

1. 幼兒能以他自己的行動產生物體的運動：幼兒所做的行動和物體如何反應之間的連結，必須盡量是直接的，例如，在斜面滾彈珠，幼兒的投擲動作和彈珠的滾動即是直接的連結。

2. 幼兒能變換他自己的行動：幼兒必須有能力變換他的行動，才能顯著地影響物體的結果，例如，幼兒在斜面滾彈珠時，要有能力變換斜面或變換彈珠的型態（如：變換斜面的傾斜度或質料、變換彈珠的大小或投擲位置、方向、角度），才能促使幼兒從自己的假設觀點多方面地試驗彈珠滾動的速度、型態和方向，否則幼兒如只是重複產生相同的行動，將不能探索他自己的行動對於結果的影響。

3. 物體的反應必須是可觀察的：幼兒能觀察到物體的反應過程，才能建構他的行動和其對物體影響之間的對應關係，協調他對於物體特徵、行動和反應的觀點。

4. 物體的反應必須是立即的：這涉及幼兒建立他的行動和物體反應之間對應關係的能力，如果物體的反應太慢，將使幼兒很難建立其間的對應關係。

　　就像前述彈珠的物理性質一樣，日常生活中有許多原始的素材可讓幼兒試驗物體的運動或觀察物體的改變，例如：積木、黏土、麵糰、沙、水、木板、輪子等，這類材料可以讓幼兒根據他們自己的假設而發明和進行活動，並且從中觀察、預測、比較和試驗物體的連續轉變現象和變化過程，這種自我調整的活動將比教師教導的活動引發更多的心智反省，讓幼兒學習解釋和組織物體間的轉換關係（Forman & Fosnot, 1982）。遊戲室如果充塞太多商業性的材料或玩具，可能會分散幼兒的注意（Tizard, 1977）；而如果提供幾種原始的、開放式的和適應性的素材，並且每一種材料有足夠的份量和數量，將可讓幼兒在遊戲過程中自發地轉換，專注地參與材料之中（Lanser & McDonnell, 1991）。

　　就以最普通的玩沙遊戲為例，一位幼稚園園長個人的觀察和體認（黃瑞琴，1991a），頗能描述幼兒如何試驗自己的行動和物體轉變之間的關係：

　　　「我覺得沙能不斷的讓孩子創造不一樣的形態出來，可以嘗試沙乾乾的玩起來的情況、放一點水進去玩起來的情況、放很多水玩起來的情況，他會體驗很多。還有像他脫光腳進去，手和腳都是皮膚，在沙裡這樣挖來挖去，有時挖水溝，有時用積木這樣托起來，好像一個大橋，就是說他們要把這個理想做出來，他們要花多少精力在裡面，達到那種滿足感。」

　　再者，設置某個遊戲區時，可合併提供各種不同類型的材料，這些材料不同地反應幼兒的不同行動，讓幼兒在運動材料的行動上有更多的選擇，因而產生更多物體轉變的可能性，例如：

1. 在沙箱加水，提供篩子、漏斗、鏟子、積木，或從牆上或天花板上設置運沙的滑輪和吊桶。
2. 在美勞角提供各種不同形狀、顏色、大小、質料的紙和各種形式的畫筆。
3. 在泥工角提供開放式的工具，如：滾棒、鈍的刀子、空的線軸和剪刀等，避免提供定型的模印。
4. 在科學角提供有關物理移動的材料（如：彈珠、齒輪），和有關化學改變的材料（如：鹽、麵粉、玉米粉、顏料、容器、滴管）。

5. 室內大肌肉遊戲區，可參照運用近代創造性遊戲場的概念（Decker & Decker, 1984: 296），提供建構式、不拘形式的體能器材，例如：攀爬的繩網、繩梯、平衡木、攀登架、木板、木箱、豆袋、大積木或梯子等，讓幼兒積極參與、搭建、躲藏、攀爬、想像、扮演或合作創造，轉換材料的多元功能。

另外，讓幼兒進行簡單的烹飪遊戲，亦能觀察各種食物的轉換過程，例如，筆者的學生曾設計一種「奇怪的餅乾」的幼兒烹飪遊戲：麵粉加水，再打入蛋汁一起攪拌，揉捏創作成各式各樣奇怪的餅乾，再放入透明的烤箱烘烤，觀察餅乾烘烤過程的轉變；另一種烹飪遊戲是「麵疙瘩」：將芹菜、蘿蔔切成碎片，加入麵粉和水一起攪拌，再揉捏創作成各式各樣的麵疙瘩，放在鍋裡煮，觀察麵疙瘩烹煮過程的轉變。這類家常的食物，在幼兒操作和烹調過程中，即成為開放性和轉換性的遊戲材料。

一般幼教老師常被要求自製很多教具，而經常花費很多時間繪製精美但也頗為定型的教具，這類教具在學習上的意義常只是分類或是配對某些事物或符號的靜止狀態（如：顏色、形狀、大小、長短、數字或文字），缺乏認知的主動性，較無從引發有積極意義的心智活動。在主動學習的認知意義上，幼兒園平日可多提供幼兒開放的轉換性材料，這些材料因幼兒不同的操作方式而產生立即可觀察的不同反應，尤其對於在人工化玩具堆中成長的幼兒，這類材料引發的活動，可讓幼兒直接經驗和組織物理的知識，並從中反省外在物體和自我行動之間的互動關係（黃瑞琴，1991b）。日常生活環境之資源回收的各種紙類（如：紙箱、紙盒、廣告單）、塑膠類（如：塑膠瓶罐、盒子）、保麗龍類等材料，常可做為低結構、開放的、轉換性質的遊戲材料，讓幼兒發揮想像和創意，同時也學習珍惜資源和資源再利用。

肆、遊戲區的器材與運作

在幼兒園的教室中，上述各種性質的遊戲材料通常是按照其遊戲方式或材料

種類的不同，分別放置在各個遊戲區或遊戲角的開放式架子上，並在架子上分別以圖文標示各種材料的放置容器或位置，讓幼兒自由選擇、取拿、運用、收拾和物歸原處。廣義言之，幼兒園的遊戲可廣泛包括各種自發性的探索活動，因此幼兒在園裡探索和遊玩的材料，除了一般的積木、娃娃、沙、水等之外，也可廣義地包括圖書、樂器、動植物或各種食物等，如前述能讓幼兒觀察和體驗各種食物轉換過程的烹飪遊戲，食物在幼兒操作和烹調過程中，即成為開放性和轉換性的遊戲材料。

在設置遊戲區或遊戲角時，需參照幼兒園教室的空間大小和型態，劃分（或合併）遊戲區（角）的種類，例如：積木、操作、語文（圖書）、扮演（娃娃家）、戲劇（偶戲臺）、美勞（繪畫、創作、泥工）、益智（數字）、科學、音樂、木工、玩沙（沙箱）或玩水（水盆）、體能（大肌肉遊戲）等；其中如美勞或可劃分為繪畫、勞作和泥工三個區（角），亦可合併為一個美勞區（角），另外還可特別設置隱蔽區或烹飪區等。參照本章前述之遊戲室的空間組織要點和遊戲材料的性質，以下列舉各個遊戲區可放置的器具和材料。

一、各遊戲區的器材舉例

（一）積木區：堆疊、排列、自由建構

1. 地毯或地墊、標示各個積木外型的放置架子、作品的展示區或展示架。
2. 大型木製空心積木、泡棉積木、中型和小型積木。
3. 玩具模型（如：動物、人偶、傢俱、交通工具和標誌）。
4. 附件材料（如：樹枝、樹葉、小石頭、小盒子、布料、紙捲筒、空線軸、繩索）。
5. 各種建築物的參考圖書、圖片、照片、海報、模型。
6. 設計用筆、藍圖紙張。

（二）操作區：感官動作、手眼協調、抓握、拆摺、拼接

1. 地毯或地墊、桌椅、作品展示架。
2. 操作玩具（如：樂高積木、釦子積木、齒輪玩具、拼板、木栓板、串珠、穿繩）。
3. 日常材料（如：剪刀和紙張、大小螺絲和螺帽、大小瓶子和蓋子、曬衣夾和曬衣繩、釘板和橡皮圈）。
4. 生活自理物件（如：湯匙、杯碗、豆子、扣鈕釦、拉拉鍊、綁鞋帶、衣飾框）。

（三）語文區：看書、聽故事、畫字、自製圖書

1. 地毯或地墊、桌椅、沙發、靠枕、可展示圖書封面的書架。
2. 圖畫書、兒歌卡、圖卡、字詞卡、絨布板、磁鐵板。
3. 錄放音機、故事和兒歌光碟、耳機。
4. 粗黑鉛筆、色筆、字章、印泥、紙張、白板。
5. 內有圖片或文字的舊雜誌、剪刀、膠水、釘書機。

（四）扮演區：角色扮演、戲劇遊戲、社會互動

1. 地毯或地墊；幼兒尺寸的桌、椅、沙發、搖椅、櫃子、架子、箱子、掛架和掛勾、桌巾、全身鏡子。
2. 廚房用品（如：鍋爐、冰箱、餐具）、服飾（如：衣服、帽子、圍巾、手套、配件）、皮包、鞋子、梳妝物品。
3. 娃娃、奶瓶、小床、枕墊、嬰兒玩具、嬰兒推車。
4. 配合各種課程主題（如：各行各業、多元族群、古今節慶、社區文化特色）的角色扮演設施和物品。

（五）戲劇區：角色扮演、演偶戲

1. 演戲臺、偶戲臺。

2. 布袋戲偶、紙偶、手套偶、襪子偶、皮影戲偶等各種角色、造型和材質的偶。

（六）繪畫區：畫圖、創作

1. 桌椅、塑膠桌墊或桌布、畫板、畫架、白板、作品展示架或展示板、幼兒工作服、水槽、清潔用具。

2. 各式畫筆（如：蠟筆、彩色筆、水彩筆、毛筆、鉛筆、粉筆、麥克筆、小刷子）。

3. 各式不同大小、顏色、形狀的紙張（如：圖畫紙、白報紙、色紙、海報紙、壁紙、牛皮紙、宣紙、蠟紙、玻璃紙）；其他可用的繪畫表面（如：珍珠板、保麗龍板、布料、木塊、樹皮、牆面）。

4. 各式顏料（如：廣告顏料、水彩、墨汁）、調色盤、調色瓶罐。

（七）美勞區：拼貼、造型、創作

1. 桌椅、塑膠桌墊或桌布、作品展示牆面或展示架、幼兒工作服、水槽、清潔用具。

2. 美勞工具（如：剪刀、刀片、釘書機、打洞器、針線、漿糊、膠水、白膠、膠帶）。

3. 各式各樣的紙張（如：圖畫紙、白報紙、色紙、海報紙、壁紙、牛皮紙、舊雜誌、報紙、包裝紙、月曆紙）。

4. 各式各樣生活媒材（如：吸管、鐵絲、布塊、亮片、鈕釦、毛線、綿線、尼龍繩、麻繩、草繩、紗網；細樹枝、樹葉、木屑、乾燥花、核果、豆子、種子；小石頭、小磁磚、小貝殼）。

5. 回收的資源物品（如：瓶罐、袋子、箱子、空盒、保麗龍）。

（八）泥工區：揉捏、操作、造型

1. 桌椅、桌墊或桌布、作品展示架、幼兒工作服、清潔用具。

2. 黏土、麵糰、陶土。

3. 操作工具（如：擀麵棍、塑膠刀叉、線軸、剪刀）。

（九）益智區：分類、配對、序列、數數、比較、思考

1. 地毯或軟墊、桌椅。

2. 各式圖案或形狀的拼圖、拼板、嵌板、七巧板、積木。

3. 數學相關（如：分類、配對、序列、型式、數量）圖卡、數字卡、賓果卡、物件。

4. 撲克牌、骰子、跳棋、象棋、三子棋、五子棋、大富翁圖卡、迷宮圖卡。

（十）科學區：觀察、預測、比較、實驗、驗證

1. 桌椅、架子、透明的大小容器、盤子、水槽、清潔用具。

2. 實驗器具（如：放大鏡、顯微鏡、望遠鏡、手電筒、培養皿、滴管）。

3. 測量和記錄工具（如：磅秤、天平、量尺、量杯、碼錶、計時器、溫度計、照相機、攝影機、記錄用筆和方格紙）。

4. 各種實驗物品（如：彈珠、齒輪、槓桿、製冰盒、磁鐵和吸著物、水箱和浮沉物）。

5. 植物盆景、小鏟子、澆水器；昆蟲箱、魚缸、水族箱、小動物、飼料。

6. 人體模型、牙齒模型；礦石、標本；可拆解的舊電器或器具。

7. 科學圖書、圖鑑、照片。

（十一）音樂區：玩奏樂器、唱歌、聽音樂、創意律動

1. 可隔音的地板、天花板、牆面、分隔板；或獨立的小房間。

2. 各種樂器（如：小鼓、鈴鼓、響板、木魚、木琴、鐵琴、銅鈸、銅鑼、三

角鐵、手搖鈴、沙鈴、鈴鐺、吉他、電子鍵盤）。

3. 錄放音機、錄音帶、音樂光碟、耳機。

4. 自製樂器、律動道具（如：絲巾、披風、彩帶、大型布料）。

（十二）木工區：釘、鎚、建造

1. 工作臺（如：大木箱、舊木桌）、工具掛置架、材料分類存放容器、作品展示架、幼兒工作手套、安全護目鏡。

2. 工具（如：鐵鎚、木槌、鉗子、鋸子、刨刀、鑷子、螺絲起子、量尺、標記用紙筆）。

3. 材料（如：軟木材、木條、木片、保麗龍塊、大小釘子、螺絲釘、螺帽、螺栓、鐵絲）。

4. 裝飾器材（如：油漆、顏料、刷子、黏膠、砂紙）、配件（如：線軸、繩索、樹皮、樹枝、布塊）。

（十三）玩沙區：玩沙、裝倒、堆高、挖掘、塑造

1. 沙箱、沙坑、沙地、水龍頭、清潔用具。

2. 裝倒用容器（如：大小桶子、盆子、盤子、盒子、杯子、碗）。

3. 工具（如：鏟子、勺子、耙梳、大湯匙、漏斗、漏勺、篩子、玩具挖土機）。

4. 配件玩具（如：動植物模型、人偶、交通工具）、材料（如：樹枝、樹葉、花瓣、種子、小石頭、貝殼、亮片）。

（十四）玩水區：玩水、裝倒、噴擠

1. 大型水盆或水箱、水槽、水池、塑膠游泳池。

2. 不同型式的透明容器（如：桶子、盆子、盒子、罐子、瓶子、水壺）、勺子、湯匙、量杯、滴管、噴霧器、噴水器。

3. 配件玩具材料（如：玩具水車、水管、漏斗、海綿、大小塑膠袋、浮或沉的各式小物品）。

（十五）室內體能區：舒展身體、大肌肉遊戲

1. 地面標示圖案或路線（如：腳印、直線、曲線、格子、迷宮、跳房子）。
2. 厚木板、梯子、平衡木、木箱、大紙箱、大積木；呼拉圈、罐頭高蹺、保齡球和球瓶；小沙包、豆袋、塑膠或泡綿球。
3. 攀岩牆面、攀爬繩網、繩梯、攀登架、拉環、保護墊。

（十六）隱蔽區：獨處、靜息、單獨遊戲

1. 屏風、地毯、地墊、靠枕、抱枕。
2. 布偶、圖書、玩具。

（十七）烹飪或點心區：調理、操作、烹煮

1. 工作臺、餐桌、簡易電器（如：電爐、電鍋、烤箱、烤麵包機、果菜機）、水槽。
2. 鍋具（如：湯鍋、平底鍋、鍋鏟、盆子、勺子）、餐具（如：碗盤、湯匙、刀叉、水壺、杯子）。
3. 烹飪器物（如：砧板、漏斗、漏勺、大小量匙、大小量杯、攪拌器、擀麵棍、計時器）。
4. 烹飪用食物、油品、調味料、烹飪流程圖。
5. 圍裙、隔熱手套、清潔用具。

二、遊戲區的運作

以上列舉幼兒園教室或活動室可設置的各個遊戲區和其器材，在日常運作過程中，可配合課程的實施內容，從中選擇或變換不同的遊戲區和器材，而非一定

同時呈現上述所有的遊戲區和器材。幼兒園由開學初或開放遊戲區之初，隨著課程而運作遊戲區的方式和流程，可參酌下列原則：

1. 遊戲區開放的個數由少而多：隨著學期時間的進行，逐漸開放各個遊戲區，例如，第一週開放三個區，讓幼兒分三組輪流玩，第二、三週再陸續加開別的遊戲區，繼續讓幼兒分組輪流玩，如此大約經過一個多月，幼兒熟悉遊戲區的進行方式之後，才開放全部的遊戲區，讓幼兒自行選擇、自由遊戲。

2. 遊戲材料的內容由簡易而複雜：因應幼兒的年齡和能力，逐漸增加較複雜或難度較高的遊戲材料，讓幼兒期望被挑戰並獲得成就感，例如：拼圖由少片而多片、數概念由 5 以內增加至 10、畫畫由蠟筆而水彩筆、木工由鐵鎚而鋸子、玩沙由乾沙而加水成濕沙、由感官動作的功能遊戲材料進展至認知思考的規則遊戲材料。

3. 遊戲材料的種類由少而多：因應幼兒的年齡和能力，逐漸增加遊戲材料的種類，讓幼兒有更多的選擇和玩法，例如，增加積木的樣式和附件、增加不同質料或形式的畫紙、增加各種各樣的美勞工具和材料、增加各種棋類遊戲（如：三子棋、五子棋、跳棋、象棋等）。

4. 遊戲材料由幼兒自我操作而經由教師引導：因應幼兒的年齡和能力，先呈現幼兒可自行操作或自我糾正的材料（如：蠟筆、積木、黏土、拼圖），再逐漸增加較需要教師從旁引導或協助的材料（如：水彩畫、象棋）。

5. 配合教學主題或單元而轉換遊戲區：隨著教學主題或單元的內容，逐漸增加或更換遊戲區和遊戲材料的種類，例如，配合「水」的主題增設玩水角，配合「小商店」的主題將娃娃家轉換為小商店的材料，配合「交通工具」的主題將創作角轉換為加油站，配合「食物」的主題增設烹飪角或將娃娃家轉換為開設餐廳，或配合教學主題設置一個特別的主題角。

6. 遊戲材料的新舊交替：課程進行中，一方面呈現新的或更複雜的材料，以擴展幼兒的遊戲主題和情節；另一方面，仍可放置部分原有的舊材料，讓幼兒將新的想法融入先前使用的材料中，持續地發現、探索與遊戲；也可

將舊的材料放置在新的位置，以激發幼兒新的玩法和創意，例如，麵粉糰可由美勞區移至扮家家區，豆苗可由科學區移至沙箱裡種植。

7. 配合日常作息或其他活動而多元運用遊戲空間：幼兒園班級的教室或活動室，常需要配合幼兒日常的作息和活動做多元的運用，如未開放遊戲時間時，遊戲區的空間或設備可直接延用於幼兒的團體活動、小組活動、食用餐點或午休，以避免因作息活動的變換而須經常搬動遊戲區；例如，在圖書區鋪設的木地板可進行團體活動或讓幼兒午休，美勞區或益智區的桌椅可讓幼兒進行小組活動或坐著食用餐點。

8. 提供幼兒特定發展與學習的遊戲材料：為因應幼兒某方面發展與學習的需要，在各遊戲區特意增添有關的材料，如以幼兒的讀寫發展為例（黃瑞琴，2015：97-99，104），除了直接有關讀寫發展的語文區之外，各個遊戲區皆可放置讓幼兒運用書寫語言的讀寫材料；例如，在積木角提供紙筆，讓幼兒畫出或標示作品的名稱；在扮演角放置玩具電話、手機、便條紙和筆，讓幼兒可在接電話或手機時拿筆在紙上記下備忘的事情；將大本的書放在偶戲角，由一位幼兒唸書，另一位幼兒跟著演偶戲；在科學角提供紙、筆和測量的器具（如：量尺、天平、溫度計），讓幼兒測量和記錄；或是特別設置一個書寫角，放置各種書寫的材料（如：紙張、筆、字章、印臺、廣告單、空白的小書），讓幼兒隨意玩蓋字章、塗畫字、創作小書，或剪貼廣告單上圖字的讀寫遊戲。

9. 展現遊戲區和材料的文化特色：遊戲具有社會文化的相關脈絡，遊戲區和其放置的材料宜展現在地文化和多元文化的特色，例如，位在閩南、客家、原住民或新住民等多元族群社區的幼兒園（宋敏慧、胡淑美、李宗文，2009），實施多元文化的教學活動過程中，可在教室布置一個具有多元文化特色的遊戲區，放置各族群文化有關的器皿、書籍、繪本、玩具、玩偶、娃娃、衣物、語言或音樂光碟等，讓幼兒從遊戲中實際體驗多元文化的豐富內涵。

第六章
提供幼兒遊戲的時間

　　在日常的家居生活中，幼兒的遊戲原本是可能隨時隨興而起，並且隨興持續遊戲的時間，一早起床後、吃過早餐後、一整個早上、睡午覺前、午覺起床後、傍晚時分、洗澡時、晚餐桌上、睡覺前，隨時皆可能是幼兒的遊戲時間。而在幼兒園的團體生活中，常擬定有每日例行的作息時間（如：入園、吃點心、戶外活動、午餐、午睡、起床、放學等時間），讓園裡的全體幼兒和成人們有所依循、共同生活；在這種團體式的生活作息中，幼兒園需特意安排一段例行的日常遊戲時間，容許和支持一群幼兒同時以他們自己的方式自由遊戲。

　　參照第四章所論遊戲課程的時間安排取向，是由幼兒的興趣與需要決定時間的運用，讓幼兒有充分和完整的時間建構他們自己的遊戲。本章即按此取向，論述在幼兒園的日常作息中，如何提供幼兒一段自由遊戲的時間。

壹、遊戲需要時間

　　在一般幼兒園的早上可能有三段遊戲時間，一是一早幼兒陸續來園時，即可在某幾個遊戲角或戶外玩；二是在遊戲角的自由遊戲時間；三則是戶外的遊戲時間。在遊戲取向的課程，幼兒除了可在一早的來園時間或戶外時間遊戲之外，主要是以在遊戲區的自由遊戲為其遊戲時段。

　　有的幼兒園教室雖然設置了幾個遊戲區，但通常只讓幼兒在一早陸續來園時或下午陸續放學時，才能到這些遊戲區去玩，遊戲區因而似乎只做為過渡時段暫

時安置幼兒（較早來園或較遲回家者）的場所，主要時間都是進行教師主導的教學活動。另外有的幼兒園雖然安排了通稱的「角落時間」，但這個時間是讓幼兒分組到某個遊戲區進行教師預定或直接引導的某個小組活動，在其教案上亦預先寫明各遊戲區的小組活動內容，而不是讓幼兒自由選擇、操作和探索遊戲區的玩具和材料。

然而，從建構論的觀點看，在幼兒園設置遊戲區對幼兒的意義，原是要提供幼兒自我引導的探究經驗和與同儕互動的機會；幼兒在自由遊戲中，將持續經歷不同問題的情境，促使他突破自我的限制，轉換其對於物體、事件和他人的觀點，自我調整和建構一個思考這些情境的新方式，使調和成一個平衡的關係系統。幼兒在自由遊戲過程中，學習的轉換是發生在各種不同的遊戲材料之間，發展的增進是知道如何從這些材料中建構他自己的目標，這些自我探索、學習轉換和同儕互動的過程，都需要連續、充分且從容的時間。因此，在一個遊戲取向的課程中，連續、充分且從容的遊戲時間即需成為每日課程的核心時間，讓幼兒每天（或每週至少四次）持續都有充分的時間從容地進行其自發的遊戲，並自然地循著遊戲的共同樂趣和情節發展而形成小組，進行同儕的互動和交流，而不是由教師預先指定的小組活動（黃瑞琴，1991b）。

再者，從遊戲的觀點看，幼兒需要足夠的時間窮忙或一些胡鬧，以探索新的材料和享受材料的感覺，進而融入遊戲之中；尤其有特殊需要的幼兒在進入遊戲（問的問題是：「我能用這個東西做什麼？」）之前，可能需要更多時間探索（問的問題是：「這個東西能做什麼？」）（Hutt, 1976）；透過探索，幼兒知道物體的感官特性，透過遊戲，幼兒知道物體的功能特性（Collard, 1976）。

另一方面，幼兒需要足夠的時間熟悉玩伴、招朋引伴、選擇角色、計畫和擴展遊戲情節，以及玩出他們的主題。幼兒之間的熟悉程度常會影響其遊戲，例如，有的研究（Doyle, Connolly, & Rivest, 1980）發現，較熟悉的同儕之間比不熟悉者進行較多的戲劇遊戲，幼兒若沒有充分且穩定的遊戲時間建立穩定的玩伴關係，將可能無從發展較高層次的團體戲劇遊戲。另外，有的研究（Christie, Johnsen, & Peckover, 1988; Tegano & Burdette, 1991）顯示，遊戲時間的長短會影響幼兒遊戲

的數量和品質，在較長的遊戲時段（約 30 分鐘），幼兒才有時間逐漸發展出社會和認知層次較高的遊戲形式，包括：完整的遊戲活動、團體遊戲、建構遊戲和團體戲劇遊戲；而在較短的遊戲時段（約 15 分鐘），幼兒沒有足夠的時間招朋引伴、彼此商議或深入探索和建構材料，因而常從事社會和認知層次較低的遊戲形式，包括：無所事事／旁觀／轉換行為、功能遊戲、平行戲劇遊戲。

　　每位幼兒有其探索材料、熟悉玩伴和自發遊戲的個別方式和速度，有些幼兒需要特別長的時間進行社會戲劇遊戲，有些幼兒需要某些單獨的時間沉浸在獨特的想像世界中，如果遊戲時間太短促，幼兒將無從發展他們不同層次和不同型態的個別遊戲型態（Fromberg, 1987）。再者，Garvey（1991）指出幼兒的遊戲常含有規律性，幼兒懂得分辨遊戲中真實和裝扮的界限，並且從中創造各種規則，藉著這些規則，將日常的生活經驗建構到遊戲情境的行動、語言溝通、角色分配、事物扮演和情節發展中。建構這些內在的遊戲規則也都需要連續、充分且從容的遊戲時間。

　　為了具體呈現幼兒的遊戲過程是如何需要時間，以下引述筆者在幼兒園的遊戲現場觀察個別幼兒的遊戲情節，所做的兩份連續記錄，顯示兩位幼兒如何需要連續、充分且從容的遊戲時間（約二個小時），從事材料操作、語言溝通、角色協調、事物扮演和情節發展，在各種不同的遊戲材料或同儕之間轉換，進行自動自發的學習歷程。

【例一】子吟（女，五歲）的遊戲情節

8：45

　　在教室一角的娃娃家，子吟穿著紅毛衣、紫色長褲，腳上穿著黑色高跟鞋，站在一個鐵爐前，爐裡點著蠟燭，爐上放著炒鍋，鍋裡放著幾片葉子，子吟拿著鍋鏟在鍋裡鏟著、鏟著。

　　老師走過來說：「鍋裡可以加點水。」

　　子吟從杯子裡倒點水在鍋裡，拿起爐子旁的兩根短蠟燭做出往鍋裡倒的動作，說：「我要加點醬油。」

老師：「你用蠟燭當醬油哦！」

另一女孩芳玉走進娃娃家，說她也要玩。

子吟指著站在一旁的男孩（李傑）對芳玉說：「你當李傑的老婆，他當你老公！」

芳玉：「不要！我要當姊姊！」

子吟：「不行！一定要有人當媽媽！你當李傑的老婆，我當鍾瑞洋的老婆。」（瑞洋正坐在娃娃家的小床上）

我（筆者）問子吟：「今天你當媽媽？」

子吟點頭說：「今天有兩個媽媽，兩個爸爸。」

9：00

鍋子因加熱而冒著熱氣，另一個男孩走過來說：「這好香哦！」

子吟稍低下頭，鼻子靠近鍋子聞一聞，說：「這是葉子的味道！這是葉子不能吃！要買的才能吃啦！這不能吃啦！」

另一女孩走過來看，子吟拿著鏟子在鍋裡鏟著，對她說：「你聞聞看！好香哦！」

站在一旁的李傑對子吟說：「我當大力士，你當白雪公主！」

子吟：「我當白雪公主的小孩。」

9：15

子吟走向娃娃的小床，拿起一個小熊布偶，放進自己身上的毛衣裡，對正坐在小床上的男孩瑞洋說：「這是你的禮物！」又笑著把小熊布偶拿出毛衣外，說：「這是爸爸生的。」

老師走到娃娃角，說：「叮咚！叮咚！」

李傑：「請進！」

老師：「你們在做什麼，有好香的味道哦！」

子吟繼續用鏟子鏟著鍋裡的葉子，對站在一旁看的兩個孩子說：「你們用手

碰碰看，很燙哦！」手摸著鍋子。

　　老師：「等一下你們煮好，要請我們吃哦！」

　　子吟：「這不能吃啦！」

　　老師：「我們假裝吃嘛！」

　　子吟：「好嘛！呂老師，等一下我們煮好，再去找妳！」老師走開。

9：30

　　子吟不斷地從杯子裡倒水在鍋裡，拿著調味瓶往鍋裡倒。

　　兩個男孩走過來，手上拿著積木，其中一位說：「給你們吃冰淇淋！」

　　子吟大聲說：「不行！這不是冰淇淋店嘛！」

　　兩個男孩對爐子裡的蠟燭吹氣。

　　子吟對正走過娃娃家的老師說：「呂老師，他們一直吹人家的蠟燭！」

　　老師：「蠟燭吹掉了，就不能玩了！」

　　男孩：「老師，蠟燭快燒完了。」

9：45

老師：「把蠟燭換一換。」老師幫忙換了爐子裡的蠟燭。

子吟用刀子在砧板上切葉子，再丟在鍋子裡。

一個女孩走過來，問子吟：「我跟你玩好不好？」

子吟：「好！可是妳要跟我好哦！」

女孩：「好啦！」女孩就站在爐子一旁看。

子吟走去鋪桌巾，另一男孩走到爐子前，拿起鏟子鏟一下。

子吟走回爐子前，男孩對她說：「這熱起來了。」

子吟從男孩手中接過鏟子，說：「謝謝！」

男孩站在爐子旁邊看，子吟對他說：「你進來玩，好不好啊？」

男孩說：「好！」

子吟：「你不要頑皮哦！你當弟弟，你比較小，我當姊姊。」

10：00

　　子吟將鍋裡的葉子全部鏈出來，加點水在鍋子裡，把一個小玻璃罐放進鍋子中間，對身旁的李傑說：「奶瓶煮煮，可以給小孩吃。」

　　李傑指著鍋裡的玻璃罐說：「那個也拿來煮。」

　　子吟：「這奶瓶很毒哦！要熱一下細菌才會死掉哦！」

　　李傑問：「好了沒？」

　　子吟拿起小罐子，指著罐底的水氣說：「還沒好，要像白白的才好。」

10：10

　　老師搖鈴，說：「要收拾了！」

　　子吟和李傑一起吹熄爐子裡的蠟燭，再拿一塊小毛巾去擦抹桌上的水，然後鋪上桌巾。

　　子吟脫下高跟鞋，換穿上自己的運動鞋。

【例二】君亮（男，四歲）的遊戲情節

9：00

　　在益智角，君亮觀看一個男孩玩釘板，板上滾動著一個彈珠，男孩走後，君亮接著玩釘板，把彈珠放在釘板的中間、旁邊、角落等不同的位置，看著彈珠會往哪裡滾動，拿一個塑膠籃放在釘板下，接住滾下來的彈珠。

9：15

　　拿起一個陀螺轉幾下，再拿一張紙牌套著一條橡皮圈玩，紙牌上畫著一隻公雞，君亮一直試著把紙牌往前彈出去，紙牌都往下掉落。

9：30

　　手上拿著紙牌和橡皮圈，走到縫工角，看小朋友吹氣球。再走到泥工角，看小朋友揉黏土。走到玩具角，再多拿一條橡皮圈，接著用兩條橡皮圈交叉圈住紙

牌，拿著橡皮圈一直甩動著紙牌。

9：45

　　走到娃娃家，聽到一個女孩說：「我當媽媽。」君亮接著說：「那我當爸
爸。」又走到玩具角，拿了幾條橡皮圈和幾張紙牌。接著，到泥工角翻看一本黏
土工的書，到娃娃家翻動竹蒸籠的蓋子，碰碰娃娃家的幾個瓶罐，到縫工角看小
朋友吹氣球，到工作角看小朋友摺紙。

10：00

　　在工作角，拿起一個長形的紙筒，筒中插入兩根竹筷子攪動著。

　　手指沿著紙筒上的黏接線往上觸摸，口裡說著：「一直轉、一直轉。」摸到
紙筒的上端，自言自語：「咦！會移到上面來，哦！好奇怪哦！」手指沿著紙筒
上的黏接線，由上往下、由下往上反覆地觸摸。

　　走到泥工角，老師：「地上有很多吸管，誰幫它撿起來？」

　　君亮：「我不在這個角落玩。」

　　君亮坐在椅子上，看小朋友做黏土迷宮，有時用吸管去戳黏土迷宮，有時玩
手上的紙牌，用橡皮圈套著紙牌玩。

10：15

　　看到書上用黏土做成的恐龍圖片，說：「恐龍！」

　　君亮和兩位男孩顯明、敬松圍坐在泥工角的桌前，顯明用黏土捏了一個洞口，
說：「這個火山口，會爆炸哦！」

　　敬松：「我也做火山！」

　　君亮拿一把吸管插在黏土上，說：「火山爆炸了，壞人就死掉了！」

　　顯明：「火山很危險哦！」

　　君亮：「因為火山有火。」

　　顯明：「不是，火山有硫磺。」

君亮:「很臭哦!」

君亮:「還有恐龍。」

顯明:「沒有恐龍啦!」

老師在分點心,君亮沒有去吃,繼續用塑膠湯匙戳黏土,或用湯匙挑起套在紙牌上的橡皮圈玩。

10:30

看到顯明把一塊黏土黏在額頭上,君亮也拿一塊黏土黏在額頭上,說:「楊顯明也是這樣。」

接著用塑膠叉子在黃色黏土塊上來回刮動著,再用兩塊黏土夾住叉子,說:「蓋章、蓋章,我幫你蓋章。」(將黏土蓋在筆者的臉上)

敬松指著一塊黃色黏土說:「大便!」

君亮問:「哪裡是大便?」接著說:「大便蓋章!」將手上的黏土蓋在那塊黃色黏土上。

用手掌擠壓桌上的黏土塊,說:「很軟哦!你摸摸看!」將黏土塊放在筆者的手上。

用叉子戳黏土,說:「你看!好多洞哦!」

把畫有公雞的紙牌壓印在黏土塊上,再拿起紙牌說:「耶!是公雞的印子。」將紙牌插立在黏土塊上。

10:45

君亮捏了一大塊橙色黏土和一小塊黃色黏土,在其他小朋友做的黏土迷宮上移動,一面說:「大車子停外面,大車子太大了!」「小汽車是小朋友的車,對不對?」

顯明將畫有公雞的紙牌插立在黏土塊上,說:「喔!喔!」

君亮:「人家早就起床了!」

將小塊的黃色黏土拿到桌底下,又放到紙盤子底下,說:「假裝小汽車不見

了！」

顯明捏著一塊黏土，說：「你看！小烏龜！」

君亮走過去看，笑一笑，也拿起一塊黏土揉捏著說：「大象！」又繼續揉捏著說：「機關車！」

敬松：「機關車才不是這樣！」

君亮：「機關車不是圓圓的嗎？」

君亮再將黏土揉捏成尖尖的，說：「你看！螃蟹！」

11：00

一面揉捏黏土，一面哼唱著：「兩頭尖尖……」

顯明：「我們把黏土加水，好不好？」

君亮：「黏土可以加水嗎？我要做火球。」伸手想拿顯明面前的黏土，顯明不肯給他。

君亮走到架子前，另外拿一團黏土，走回座位，揉了兩個圓球，說：「我做兩個火球。」

君亮在紙盤上放了三塊黏土，再疊放在一起，將盤子端在嘴邊咀嚼，像在吃一樣，然後端到我（筆者）面前說：「這有兩條鯊魚，還有一條小魚，這兩條鯊魚要吃這條小魚。」

我問：「那怎麼辦呢？」

君亮：「小魚一直跑、一直跑，小魚就被吃掉了。」

接著把兩塊黏土放在我手上，問我：「你看看，哪一隻鯊魚比較長，哪一隻比較短？」

我回答：「看起來好像一樣長。」

11：10

君亮笑一笑，把兩塊黏土揉成一團，放在桌上的綠色塑膠墊上繞著圈移動，說：「這是小火車頭，漆漆漆漆……」

以上引述的兩個觀察記錄分別顯示著：有的幼兒（如例一的子吟）需要較長的時間進行社會戲劇遊戲，與玩伴溝通、分配角色、扮演事物和發展戲劇情節；有的幼兒（如例二的君亮）則需要某些單獨的時間探索環境和試驗材料，在各種不同的遊戲材料或同儕之間轉換和尋找興趣的目標，然後也需要較長的時間沉浸在黏土的建構和象徵遊戲中。由這兩個例子顯示，如果幼兒園準備了一個豐富的遊戲環境，參照幼兒的年齡和能力，讓幼兒自由遊戲的時間至少持續約 40 分鐘至一個小時，例如讓二歲至四歲幼幼班和小班幼兒玩 40 至 50 分鐘、四歲至六歲中班和大班幼兒玩 60 至 90 分鐘，幼兒才得以從容且深入地發展其不同層次和不同型態的遊戲情節。

貳、日常的遊戲時段

在幼兒園提供幼兒充分的遊戲時間，同時亦需有計畫地充實幼兒的遊戲經驗，才不致流於空洞無義。為了讓幼兒的遊戲情節得以逐日延續發展，幼兒園每日的遊戲時段，基本上可參照美國高瞻（High/Scope）幼教課程模式之每日例行活動的中心要素「計畫—做—回顧」（plan-do-review）的程序（Weikart & Schweinhart, 1987），其中「做」的過程，即是強調主動學習的遊戲過程，而在每日遊戲之前和之後分別有計畫時間和回顧時間，讓幼兒計畫和回顧當日的遊戲經驗，「計畫—做—回顧」這三段時間即完整地構成幼兒園日常的遊戲時段。

計畫時間是集合幼兒團體討論當日的遊戲計畫和分享彼此的想法，教師向全體幼兒展現今天可選擇的遊戲、新的材料或可能的玩法，鼓勵和反應幼兒的各種想法，並建議能實施這些想法的遊戲方式，或和幼兒討論他們所做選擇的可能性和結果。團體討論之後，教師亦可與有相同遊戲計畫的幼兒進行小組討論，或進一步與幼兒個別討論其遊戲計畫。計畫時間對於幼兒的意義，是讓幼兒有機會透過行動、圖畫或語文表達自己想要玩什麼或怎樣玩，並且視自己為能主動做決定的個體，覺得「我可以有自己的想法，我將可以自由探索周遭的環境」；計畫時間對於教師的意義，則是藉以瞭解幼兒的想法、可能需要什麼材料，或需要什麼

幫助（Casey & Lippman, 1991）。幼兒透過遊戲之前的計畫，集中注意力，做更精細的思考，為自己建立一個問題或目標，發揮想像並預期可能的遊戲方式；接著幼兒在遊戲進行過程中，經常可能萌發新的想法和玩法，因而修改或調整計畫，進行更豐富或複雜的遊戲，因此幼兒的遊戲計畫是一段有彈性的過程。

回顧時間則是在遊戲結束、收拾玩具、物歸原處後，集合幼兒一起談論或展示他們剛才做的事情和遊戲經驗，例如：幼兒可能回憶剛才一起玩的同伴名字、述說他碰到的問題和如何解決問題、述說剛才發生過的事、展示剛才看的書、展示作品、述說次日的遊戲計畫和需增添的材料，或討論新的遊戲規則。回顧時間整合幼兒的遊戲計畫和遊戲經驗，重視的是彼此分享遊戲過程中的經驗和創意，而非只是強調成品的展示或結果的報告。幼兒和教師在「計畫—做—回顧」的遊戲時段之活動實例，參見表 6-1「日常的遊戲時段」所列。（表中遊戲時間的教師工作和角色，接著第七章「幼兒遊戲中的教師」將進一步闡述。）

幼兒園教室內不同的時間結構，顯示著教育者對於幼兒和學習的本質存有不同的基本假設。以下接著引述一所私立幼稚園盡量提供幼兒遊戲時間的個案研究實例（黃瑞琴，1991a），其中顯示該園園長的教育觀點如何考慮到幼兒遊戲需要時間、如何調整和延長日常的遊戲時段，以及給予幼兒更充分和從容的遊戲時間。

　　園長二十多年辦幼稚園的經驗，可說是由前十年的「教」轉型為後十餘年讓孩子自由地「玩」。民國五十四年幼稚園開辦當時，家長送小孩上幼稚園主要是為了準備考私立小學，「他們只希望孩子有個椅子坐著寫字、做智力測驗就好。」園長說：「說真的，那時候我們的中心就是要讓孩子準備上小學。那個時候，孩子好像就懂得帶手帕、衛生紙、戴名牌、穿圍兜，還有就是每天一個一個點名字、叫名字，看有多少人來。」

　　園長回溯民國五十四年起幼稚園開辦前十年間，每天一大早有早會和升旗，接下來就是一節課一節課，這樣過了十年之後，她想到幼兒花費在等的時間滿多的：「每天檢查圍兜、手帕、衛生紙、點名字、叫名字，看有多少人來，這樣每天也十幾分鐘過去，老師在分東西的時候，小朋友等待的時間

表6-1　日常的遊戲時段

時間	幼兒	教師
計畫時間 9：00～9：20	集合分享想法和計畫，知道今天的遊戲選擇；發展語言、自我知覺和歸屬感。	展現代表性的遊戲材料，讓幼兒看到可選擇的材料。
遊戲時間 9：20～10：10	選擇遊戲區、參與特別的活動、進行自我引導的遊戲，與朋友和大人自由互動；經驗問題的解決、創造的思考、自我表達、溝通、人際的交往和自我知覺。	巡迴走動，適時提出適當的問題，鼓勵建設性的遊戲；視情況的需要，帶領徘徊的幼兒進入活動中；協助幼兒處理爭執；示範設備的使用方式；把握時機，參與幼兒的遊戲；從容地觀察；思考如何延伸幼兒的學習和遊戲。
清理時間 10：10～10：20	參與團體的清理工作，清理用過的特定材料；學習有效率地清理，讓別人不需等候他；運用認知的技巧以組織材料，運用語言和社會的技巧與別人協調。	提供清理的策略來幫助幼兒清理，鼓勵幼兒公平地清理，繼續引導尚未清理完的幼兒。
回顧時間 10：20～10：40	集合分享今天玩過的遊戲，述說經驗、展示玩的物品或作品。接著準備進行戶外活動、團體活動或小組活動。	集合幼兒，反應個別幼兒的遊戲經驗、問題和創意。

也滿多。」

　　後來，園長有一個機會到日本參觀一家幼稚園，她發現「啊！我們給孩子太多靜態的活動啦！我們一直好像將那種知識方面灌輸給孩子，動態的就很少。」園長描述當時她看到孩子玩的感覺：「他們園長蠻悠哉的，老師和小朋友也好像沒有客人在一樣，老師就一直讓小朋友這樣在外面玩一個上午，也不會叫他們要進教室喔！有的孩子也可自由到教室裡面玩。假如是我們的話，會很怕他跌倒，可是他們老師都好像很信賴孩子在那裡玩，讓孩子這樣子跑來跑去，不會怕受什麼很大的傷害。」

「但是孩子什麼事都沒有發生，我才領會到原來天天讓他玩，天天讓他說來說去，老師也天天和他們玩在一起，這樣變做說他們清楚了：我應該怎麼跑才不會跌倒。孩子覺得這裡是自己的世界，他們自己投入進去，每天有這樣的活動，好像孩子就是這樣很自然，自然他會保護自己喔！老師和小朋友整個的那一種氣氛，就是和我們學校不一樣。那時我只去一天，我只是看到這一個氣氛，我覺得是很羨慕那一種氣氛。」「所以我從這點想，孩子好像可以讓他自己玩到自己想要玩的內容，就是從他所看到的父母和大人社會上的生活去聯想，有他自己的構想再去玩出來，而不是大人的意思教他。我想這樣孩子以後不得了，這樣的方式應該是要做。」

所以她回來臺灣以後，就告訴家長幼稚園將不教寫字了，她還經常開家長會、發園刊，告訴家長：「要讓孩子玩，人生不要用逼的，讓孩子去玩、去發展、去創造，信心就會有了，對事情的判斷力也有了。」

接著民國六十三年起，她在園裡設置了遊戲角讓幼兒玩，同時也觀察幼兒玩的情形，這樣又過了十年之後，她覺得早會可能打斷了孩子的玩：「十分鐘的體操對一個孩子有什麼幫助，下課的時候，院子不是很大，那麼多孩子，他們怎麼去活動。」「小孩子自己有他的目標在，他晚上的時候也會去想也不一定，想我昨天玩到什麼東西喔，今天我要趕快到什麼角玩，還要再玩什麼東西，他還會再連著想。假如說不管他玩得好不好，他玩到一半，就打斷他的內容，又是要升旗，升旗完後進教室還要討論，討論完以後再玩，小孩子他不一定會按照他的意思，而是有一點老師討論的意思存在喔！這樣都會變質啦！」

從民國七十四年起，早會和升旗就被取消了，園長是希望：「孩子早上一來的時候，他就覺得這裡是他自己的，不用問老師、等老師的什麼回答他再動，他就馬上可以進入自己喜歡的角喔！假如說我喜歡大積木，我七點半來就可以把大積木搬出來到院子玩，玩到十點半、十一點都沒有關係，老師可安心的對自己說：『哦！孩子他在那邊在忙嘛！他有他的目標在一直忙啊！』老師也很安心信任喔！」

園長談到孩子在遊戲角玩時，所關切的是孩子慢慢體會怎麼玩，而這種體會需要連續的時間，例如：

「像孩子在角落玩，今天玩到多少、明天再玩，比如說沙池，今天進去的時候，滿好玩，等一下可以用小桶子一桶拿起來，到後天的時候，他才發現用一些水可以玩出很多種樣子，再進去的時候，他發現利用大沙地還可以挖水溝，可以把沙放一堆變做大山，他是慢慢體會、慢慢體會的。小孩子自己體會出來的事，他很認真，如果你在那邊教他要怎麼做、怎麼做，你這樣的話，會使得孩子變成：人家教我的時候，我才知道可以這樣做，但是萬一碰到不一樣的東西，人家不教我，就什麼也不會。」

「一節一節的排課，等一下又音樂啦！等一下又體能啦！然後讓孩子玩半個鐘頭，他正要玩出什麼或正想做什麼，你要他們收拾啦！這樣一節課一節課，就是打斷孩子，這樣以後對一件事情，他不會耐心的繼續下去玩。這就是學校主管很重視他自己的計畫，很重視怎麼教、怎麼教。」

園長較關切讓幼兒自由地玩、自己去慢慢地體會，即盡量讓幼兒的遊戲時間連續不斷。幼稚園平日上午的幼兒活動時間是每天上午約從八點起，各班教室的遊戲角即開放，幼兒一到園就可以在各遊戲角或戶外庭院玩，「不需要問老師我要做什麼」，「孩子有他自己的構想，再透入自己本身裡面這樣玩，從這樣可以學到很多」。接著至上午十一點半之間的這段時間，各班老師可視幼兒的興趣和需要自行安排各班活動內容和方式。通常遊戲結束後，各班會先討論分享今天玩的過程，接著由教師、助理或來參與教學的家長帶領小組活動（如：美勞、認知遊戲等），或是進行故事、韻律、節奏樂器、演紙影戲等團體活動。

不同於前述表6-1「日常的遊戲時段」之「計畫—做—回顧」的流程，此園是每日一早先讓幼兒在各遊戲角或戶外庭院玩，接著才有分享討論，以及團體或分組活動。參照劉玉燕（2003）的詮釋，分享討論不僅是回顧剛才遊戲角玩出的內容，更具有凝聚共識、持續朝向目標、討論如何進一步發展的意義，然後在接著

的分組活動，讓幼兒將討論所得的構想轉化、生產創造出自己想要玩的具體情境；接著次日，幼兒一早進入教室的遊戲角，即能很快融入自行創造的遊戲情境而繼續發展遊戲情節。換言之，當日遊戲之後的分享討論和分組活動，可說是亦具有計畫的意義，即計畫次日遊戲如何進一步發展的意義。

　　教育現象落實在日常生活作息中，就是在一分一秒的時間流動中。每所幼兒園如欲提供幼兒遊戲時間，其辦學者或教師可能有其個人不同的想法和作法，然而發展遊戲取向的課程，基本上是需要參照上述如此從容的遊戲時間觀點。

第七章

幼兒遊戲中的教師

在遊戲過程中，幼兒是學習的主動者，每位幼兒可自行選擇和發展他們自己的遊戲情節。參照第四章所論遊戲課程實施的教師角色取向，教師是學習的催化者或促進者，教師的責任在於規劃能鼓勵和支持幼兒遊戲的環境，配合幼兒的身心整體發展提供幼兒各種可能的遊戲經驗。本章即按此取向，論述教師在幼兒遊戲過程中的位置和工作。

壹、教師的位置

遊戲課程中的幼兒是學習的主動者，從建構論的觀點看，幼兒的學習過程需經由其自身與環境的交互作用，而教師對於幼兒的輔導位置，即須隨之有三種轉變（DeVries, 1987: 374-377）：

1. 從教學轉變為建構：由傳遞資料和呈現教材的教學，轉變為注重幼兒主動建構知識，教師需瞭解幼兒的心智和發展，否則將不能瞭解幼兒自發的努力，而可能視之為浪費時間，但是教師不能只放任幼兒遊戲，而是需要適時地給予幼兒激發。

2. 從增強轉變為興趣：由視幼兒為環境增強的消極反應者，轉變為注重幼兒自發的興趣是改變其認知結構的主要因素。

3. 從服從轉變為自主性：服從意指教師是資料和行為規則的主要來源，自主性則注重幼兒自己的行動和與他人的互動是其建構知識和行為理由的主要

來源。

在幼兒遊戲過程中，教師是幼兒的同伴和引導者，伴隨和引導著幼兒建構知識、發展興趣和自主性；教師支持幼兒遊戲的先決要素，包括規劃幼兒遊戲的空間（參見第五章）、提供幼兒遊戲的時間（參見第六章），以及充實幼兒遊戲的相關經驗（參見接著的第八章「幼兒遊戲經驗的計畫」）；透過每日遊戲時段的計畫和回顧時間，在遊戲之前與幼兒討論計畫遊戲方向並展現遊戲材料，在遊戲之後與幼兒回顧和分享遊戲經驗，並且透過日常教學的團體活動和小組活動，充實幼兒遊戲的相關潛在經驗，激發幼兒的遊戲主題和情節。

在幼兒遊戲過程中，參照前述第六章表 6-1「日常的遊戲時段」所列舉的教師工作是：巡迴走動，從容地觀察、適時提出問題、示範設備的使用方式或參與幼兒的遊戲，以促進幼兒在遊戲中獲得問題的解決、創造的思考、自我表達、口語溝通和人際互動等的學習經驗。就如第六章第壹節論及幼兒遊戲需要時間，所描述之一位幼兒（子吟）在娃娃家的社會戲劇遊戲過程中，即不時地出現該班老師的建議（如：「鍋裡可以加點水」）、協助增添材料（如：更換爐子裡的蠟燭），或是參與進入遊戲之中（如：老師走到娃娃角，說：「叮咚！叮咚！」「等一下你們煮好，要請我們吃哦！」）

具體而言，在幼兒園遊戲室的現場情況常是：幼兒分散在各個遊戲區（角）遊玩，教師則巡迴走動於各個遊戲區（角）之間（如圖 7-1「教師穿梭各遊戲角的動線」所示），視幼兒遊戲的情形和需要，可能停留在各個遊戲區（角）幾分鐘（如圖 7-2「教師在各遊戲角停留的時間」所示），觀察幼兒遊戲或介入幼兒的遊戲。

貳、鷹架幼兒的遊戲

所謂「鷹架」（scaffolding）的概念，是參照 Vygotsky 提出的「最近發展區」（Zone of Proximal Development）理論概念（參見第四章第肆節：遊戲課程實施的發展取向之社會建構論觀點）。最近發展區是指幼兒現有的真正發展水準與可

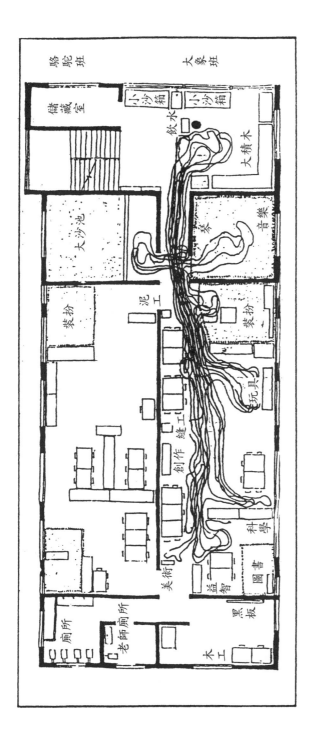

圖 7-1　教師穿梭各遊戲角的動線

參考資料：引自劉玉燕（1990）

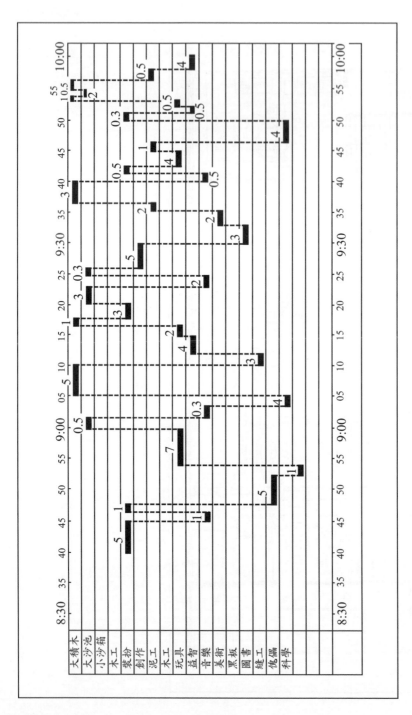

圖7-2 教師在各遊戲角停留的時間

參考資料：引自劉玉燕（1990）

能達到之較高的潛在發展水準之間的一段距離，Vygotsky 提出遊戲為幼兒創造了一個「最近發展區」，是指遊戲顯示了幼兒真正的發展水準以及潛在的發展水準之間的學習潛力，幼兒在遊戲中經由人際社會的互動，包括成人指引或與較有能力的同儕友伴合作解決問題，可藉以引導幼兒的發展，由現有已被建立之真正的發展水準，進一步提升到潛在的發展水準；在遊戲為幼兒創造的「最近發展區」內有效的教學互動，即是經常配合幼兒的能力和需要，搭建和採用如建築工地暫時使用的建築物「鷹架」（scaffolding）（Moll, 1992），讓幼兒與成人或能力較高的同儕互動中獲得社會支持和鷹架維持，藉以協助幼兒超越現有的發展水準，建構更高層次的發展水準。

　　最近發展區是幼兒產生學習與發展的動力地區，鷹架即需運作於幼兒的最近發展區內，因應幼兒目前的需要和能力，持續調整介入協助幼兒的質或量。參照鷹架的概念，幼兒即是一個主動建構自我的建築體，社會環境則是協助幼兒持續建構更高層次之新能力的必要支架，鷹架幼兒遊戲過程中的發展與學習，即著重於提供幼兒遊戲的人際社會互動過程，喚醒幼兒內在的內化發展過程，協助幼兒超越現有的發展水準，建構更高層次的發展水準，藉以變成幼兒獨立發展成就的一部分。

　　參照上述鷹架的概念，圖 7-3「幼兒遊戲中的教師」展示教師鷹架和支持幼兒遊戲的過程，包括：

1. 觀察幼兒遊戲：首先須注意觀察個別幼兒的遊戲內容，瞭解幼兒目前的興趣和能力，選擇當下是否需要介入鷹架幼兒的遊戲；例如，觀察到幼兒遊戲順利進行，察覺幼兒在遊戲中經由與材料或同儕的互動，正在展現自己能獨立做的部分，並朝向較高層次的能力水準進行中，教師即繼續觀察而暫不需要介入，讓幼兒繼續以他們自己的方式進行遊戲；而如果觀察到幼兒遊戲出現狀況或問題，同時也察覺幼兒自己還不能獨立做到的部分，即選擇介入遊戲搭起鷹架。

2. 鷹架幼兒遊戲：教師可給予幼兒語言的支持（如：建議、鼓勵、發問、提示），或材料的支持（如：增添材料、示範工具的操作），引導幼兒在其

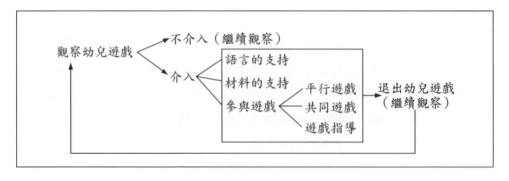

圖 7-3　幼兒遊戲中的教師

最近發展區內擴展和提升能力（Bodrova & Leong, 2007: 144-154）。教師透過語言或材料介入支持幼兒遊戲，是保持教師的角色位在幼兒遊戲之旁的鷹架方式，另一方面亦可參與幼兒的遊戲，以幼兒玩伴的角色進入幼兒遊戲架構之內，與幼兒平行遊戲（parallel playing）、共同遊戲（coplaying）或遊戲教導（play tutoring）（Johnson et al., 1987: 30-37），而參與幼兒遊戲時亦可透過玩伴的角色間接給予幼兒語言和材料的支持。教師介入幼兒遊戲過程中，需因應幼兒的遊戲進展情況，隨時注意幼兒對教師介入的回應和學習表現，隨時調整或轉換鷹架支持的方式和程度，例如，察覺幼兒對教師從旁給予材料或語言支持的鷹架方式，並不能增進幼兒當下的學習表現，即可嘗試調整為共同遊戲或遊戲教導的鷹架方式，同時持續審查當下介入的協助是否在幼兒的最近發展區內，並導向較高層次的能力水準。

3. 撤除遊戲鷹架：教師介入遊戲之後，如察覺幼兒經由教師的協助和引導能試著去處理自己原來還不能獨立做的部分，並朝向最近發展區的較高層次，教師即可減少協助或撤除鷹架、退出遊戲，退居為觀察者繼續巡迴觀察。

教師撤除某次遊戲的鷹架之後，仍持續注意觀察幼兒在有關此次鷹架之能力的遊戲情境，是否能逐漸展現為自己能獨立完成的能力，如觀察到幼兒還是尚未

能自己獨立完成這方面的能力，則持續運用上述的鷹架方式給予協助。如此周而復始的鷹架幼兒遊戲過程，即可融入幼兒遊戲中的學習評量，將幼兒的學習引導與學習評量融為一體（參閱第九章「遊戲中的幼兒評量」）。

　　圖 7-3「幼兒遊戲中的教師」所示教師支持幼兒遊戲的過程，如對照前述圖 7-2「教師在各遊戲角停留的時間」所示，教師停留在某個遊戲角的幾分鐘內，可能是在從旁觀察某位或幾位幼兒遊戲的情形，可能是在從旁建議幼兒延伸遊戲的情節，可能是在從旁增添幼兒需要的某些材料，也可能是參與加入幼兒的遊戲之中，藉以鷹架幼兒的遊戲和提升幼兒的能力。

　　另一方面，如參照前述依照幼兒自我內在控制、現實和動機由高而低的標準區分之自由遊戲、引導遊戲、指導遊戲、假似遊戲之工作和工作（參見第二章第參節「遊戲遇見課程概念的取向」），圖 7-3「幼兒遊戲中的教師」所示教師鷹架幼兒遊戲過程的周期，可說是以幼兒的自由遊戲為基本型態，基本上讓幼兒保持其自我的內在控制、內在現實和內在動機，遊戲的發起及進行都是由幼兒決定；當教師適時介入幼兒遊戲時，透過語言及材料的支持或與幼兒平行遊戲及共同遊戲，即轉換為引導遊戲的方式，而進一步的遊戲指導即是轉換為指導遊戲的方式；接著當教師退出幼兒遊戲之後，即再回歸到讓幼兒自由遊戲的基本型態。

參、教師的工作

　　本節參照上述鷹架幼兒遊戲的概念，進一步分別闡述教師在幼兒遊戲過程中的鷹架工作，包括：觀察遊戲、給予語言和材料的支持，以及參與遊戲，其中部分選用筆者修訂自學生實習之觀察記錄實例加以說明。

一、觀察遊戲

　　幼兒在遊戲時，教師從旁觀察幼兒遊戲，是為了要瞭解什麼已存在於遊戲之中，藉以知道何時需要提供幼兒另外的遊戲材料、時間、空間或經驗，並知道是否需要參與遊戲或何時參與其中，才最有助於擴展遊戲和增進幼兒的發展與學習。

觀察可提供教師是否需要介入遊戲（給予幼兒語言或材料的支持，或參與遊戲）的線索，參照幼兒當前的興趣和需要而決定介入或不介入遊戲之中，如不介入遊戲或介入之後再退出遊戲，則繼續觀察。因此，觀察、介入或不介入遊戲、退出遊戲、再繼續觀察，即形成教師輔導幼兒遊戲的周期，而觀察則是此周期運行的原動力。

　　從建構論的觀點看，自由遊戲讓幼兒得以連結既有的知識和新的學習，自由遊戲也給予教師思考和瞭解幼兒自然傾向的時間和指標，教師藉著仔細的觀察知道幼兒當前的興趣發展和遊戲情節，以適時增添幼兒所需要的材料、提出問題，或選擇參與遊戲的方式。教師在想到如何適當地進入幼兒的遊戲流程之前，通常須從旁觀察幾分鐘，如果過早或急促地介入，可能破壞幼兒正在發展或建立的遊戲流程。當教師在觀察幼兒的自由遊戲時，可參考依循著下列問題（Forman & Kuschner, 1984: 124, 128, 141; Fromberg, 1990a），仔細觀察幼兒的遊戲行為，藉以瞭解幼兒發展與學習的情形：

1. 根據我的幼兒發展知識，這個遊戲情境包含幼兒哪方面的潛在發展層面？
2. 什麼是幼兒遊戲的興趣和目標？什麼最吸引幼兒的注意？
3. 幼兒在遊戲中說些什麼？是針對某一個聽眾說嗎？最常描述什麼物體或事件？以什麼方式擴展語言技巧？
4. 幼兒正在重複什麼遊戲行動類型？遊戲行動有什麼變化？什麼因素決定這些變化？
5. 幼兒的遊戲行動正產生什麼結果？幼兒察覺到這些結果嗎？
6. 我曾經看到這位幼兒用不同的遊戲材料做這樣的遊戲行動嗎？
7. 幼兒將別人的行動整合到自己的遊戲中嗎？藉著觀看或口語描述，他能反省到自己的行動嗎？
8. 幼兒如何能顯示出他們的遊戲有不同於別人的獨特性？
9. 幼兒持續遊戲的時間有何變化？如何延長遊戲的時間？
10. 我如何能確知我介入幼兒的遊戲將能激發幼兒？我應該在什麼時刻進入幼兒的遊戲流程？

如果教師沒有先仔細觀察幼兒進行中的遊戲，而急促地介入遊戲，便可能發生如以下兩個例子的情形：

【例一】（引自 Manning & Sharp, 1977: 18）

一個六歲的女孩正在玩沙箱裡的貝殼，扮演一個故事，貝殼代表人和樹，女孩的手指扮演一隻貓，一位助理老師想要引發女孩談談她正在做的貝殼造型，助理老師一連串地問：「這些貝殼很漂亮，是嗎？」「是不是覺得你手指上的沙很柔軟，覺得癢癢的？」「你做了一個可愛的造型，你已經完成了或是還要放更多貝殼在沙上？」

這樣的介入干擾了女孩原來扮演的脈絡或架構，使女孩停止遊戲，也沒有引發起老師想要引發的談話。

【例二】

五位小朋友拿著用紙箱做成的火車車廂到處跑，並且變換了很多隊形，然後又撞在一起、擠成一堆，接著又重複變換隊形。

老師走過來，對小朋友們說：「你看你們玩火車多好玩；可是我很難過，你們都把火車弄壞了，貼在紙箱上的腳印都弄壞了。」

結果，正在玩的小朋友都停下來看著老師，小朋友都沒有說任何話，老師離開之後，小朋友也都跟著離開了。

幼兒原來都玩得很開心，接著因老師介入的兩句話而停止遊戲，而且這兩句話缺乏建設性，幼兒無從學習和思考如何運用紙箱，而遊戲即就此中斷了。

二、語言的支持

在幼兒遊戲過程中，教師是學習的促進者，依循著幼兒當前的遊戲方向和需要，透過語言的提示、建議、發問或回饋，以支持幼兒在遊戲中學習預測試驗、從不同的角度思考、考慮他人的觀點和情緒、與他人合作解決問題等。教師支持

幼兒遊戲的語言方式，可參考下列基本要點（黃瑞琴，1993：51-59）：

1. 視線趨近幼兒，儘量蹲下或坐下來，和幼兒面對面說話，讓幼兒注意到老師對他說話。

2. 語句具體、清楚、簡短，速度平緩。

3. 正面地提示、建議，或說明遊戲有關的器材、事情、規則及其理由，避免只是否定的禁止，只告訴幼兒不要做什麼。

4. 運用開放式的發問，在幼兒的遊戲過程中把握學習的進入點，提出有選擇性或有多種可能的問題，讓幼兒進一步思考和表達自己的想法，避免只要幼兒回答特定答案或做特定作業的封閉式問話（如：「這是什麼顏色？什麼形狀？」「你能把兩張紙貼起來嗎？」）

5. 適時回饋幼兒的表現，回饋語句如一面鏡子反映幼兒的行為或情緒，述說幼兒正在玩的事情（如：「你用了很多不同的顏色畫畫」）、認可幼兒的行為（如：「你今天自己完成了比較複雜的拼圖」）、澄清幼兒的感覺（如：「玩具被搶走了，你覺得很生氣哦」），讓幼兒更認識或肯定自己在做的事、理解或接納自己的情緒，並且更有信心表達自己。

6. 因應幼兒不同的口語聽說能力，運用不同的師生口語互動方式；如針對經常不說話或很少說話的幼兒，教師可同時配合表情、手勢動作以加強顯示語義，或緩慢且重複說某些關鍵字；針對常說單字或簡單句的幼兒，教師可延伸幼兒所說的話，加入更完整的句子結構，或以簡要的問題提示幼兒；針對說話較熟練的幼兒，教師則可提出各種問題，引發幼兒辨識事物的相同或不同、察覺事情發生的前後順序，或發現原因和結果的關係。

教師運用上述口語互動要點，還需敏感察覺幼兒對於老師語言的回應，如察覺幼兒並未回應老師的語句，則試著換另一個更明確的語句，或轉換另一種語言支持的方式（如：由回饋轉換為直接的提示、由建議轉換為啟發式的發問）。教師以語言激發幼兒思考或開展遊戲方向，須關聯到幼兒正在進行的遊戲結構，從幼兒的遊戲中獲得線索，評估幼兒正在注意什麼或正在試著完成什麼，教師先確定幼兒的遊戲意向後，再透過與幼兒想法相關但又有所不同的建議或發問，順應

並擴展幼兒的想法，讓建議或發問能進入幼兒當時的遊戲結構和學習經驗。以下進一步舉例說明教師如何運用語言支持幼兒不同的遊戲和學習經驗。

（一）物體轉換的遊戲

　　隨著幼兒的行動而移動和改變位置及形狀的轉換性素材，可讓幼兒實際經驗自己動作和物體之間的關係（參見第五章第參節「遊戲材料的選擇」）。當幼兒在遊戲中主動操作和試驗物體時，教師可適時運用下列四種開放式問題，激發幼兒思考物體和事件之間的關係（Kamii & DeVries, 1978: 48-52）：

　　1. 改變物體，預測和驗證物體將如何反應，例如問：

　　　　「如果……，結果可能會怎麼樣？」

　　　　「如果你……（做某件事），看看結果會怎麼樣？」

　　2. 改變物體，以產生一個預測的影響，例如問：

　　　　「你能想到一個方法……（做某件事）嗎？」

　　　　「還有其他什麼不同的方法可以做……（某件事）嗎？」

　　3. 察覺如何產生預期的結果或做比較，例如問：

　　　　「你想怎樣做……（某件事）？」

　　　　「哪種方法做……（某件事）較有效（或較容易）？」

　　　　「怎樣能使這個和那個變得一樣？」

　　　　「怎樣能使這個物體產生不同的結果？」

　　4. 解釋原因，例如問：

　　　　「為什麼會發生……？」

　　　　「為什麼會有這樣的結果？」

（二）建構遊戲

　　表 7-1「引導積木遊戲的教師語言」列舉幼兒在玩積木的建構遊戲過程中，教師提示、建議或發問的引導語言例句，以及其分別可能連結的幼兒學習經驗。

表7-1 引導積木遊戲的教師語言

教師的語言	幼兒的學習經驗
你能找出像這塊積木一樣的另一塊積木嗎？	配對、大小和形狀的分類
看看能找到多少圓形積木？	指名、數概念、形狀分類
你怎麼使這條路和那條一樣長？	語言發展、測量、確定空間關係、問題解決
你想這部卡車將能通過你車庫的門嗎？	語言發展、大小區別、空間的關係
你想如果你把這個積木放在這裡，將會怎麼樣？	實驗、測驗、預期事件
你如何連結這兩塊積木？	問題解決
哪塊積木比較重？這些積木和它一樣重嗎？	重量概念、語言發展
你能用圓的積木蓋一棟房子嗎？	假設、問題解決、實驗
問一個蓋了一棟沒有門或窗戶的房子的幼兒：要怎麼進去你的房子呢？	語言發展、問題解決
這輛車子將從橋下或橋上通過？	語言發展、空間關係、前置詞
如果路被封閉了，你將怎麼辦？	問題解決、口語說出選擇的事物、實驗想法
你使這邊平衡，也能使另一邊平衡嗎？	語言發展、結構的關係
如果把這塊大積木放在最上面，它將會掉下來嗎？	平衡的概念、重力、底部和高度的關係
方志做的路是這個樣子，我們來做同樣的路看看？	區別、順序、比較

參考資料：引自 Peterson & Felton-Collins（1986: 25-27）

（三）戲劇遊戲

在幼兒的戲劇遊戲情境中，如以幼兒的讀寫發展為例，教師可藉著發問和建議，引發幼兒以新的方式使用讀寫有關的遊戲材料，讓幼兒經驗文字的意義和概念，例如（引自 Schrader, 1990）：

教師問一位幼兒：「你在玩些什麼？」

幼兒回答：「我在寫一封信。」

教師的發問和建議，例如：

「你寫信給誰？」

「你要告訴他什麼？」

「你可不可以將信上寫的唸給我聽？」

「你在信封上寫了地址嗎？」

「你可以買一張郵票貼在信封上，再寄出去。」

幼兒玩戲劇遊戲時，如教師回應的語言較無法支持或延伸幼兒的遊戲情節，其情形例如：

宗儀在積木角搭建積木，永惠和怡靜跑過來，也在宗儀旁邊搭建積木，然後三個人坐在積木上面做開車狀。

老師走過來問：「你們要去那裡？」

宗儀：「我要去美國。」

怡靜跟著說：「我也要去美國。」

永惠：「老師，我也是。」

老師：「你們都要去美國呀！」

三人一起回答：「對呀！」

老師：「去美國的路很遠，要小心一點，再見！」

三個人一起說：「再見！」

接著，幼兒繼續開自己的車，突然宗儀說：「到了！到了！要去玩雪。」三個人一起站起來，就分散到別的地方玩了。

在這個例子中，教師能針對幼兒正在扮演的動作（做開車狀）發問，但問話內容較狹隘，幼兒的回答也都很簡短，且未能延伸更進一步的扮演情節。教師如能進一步發問和建議，例如：「要怎麼去美國呢？」「要帶些什麼東西呢？」「到

了美國，要做些什麼事呢？」較可能激發幼兒進一步發揮想像，繼續延伸扮演去美國的遊戲情節。

（四）同儕互動的遊戲

幼兒之間的同儕互動亦可鷹架幼兒的遊戲，教師可建議較有能力的幼兒協助或指導其他小朋友如何遊戲，或建議能力相近的幼兒在一起遊戲中互相觀察、模仿、合作、共同解決問題，藉此亦能提升幼兒的自我調節能力；例如，教師可建議幼兒「當個小老師，教其他小朋友玩撲克牌」，「你開了一間餐廳，可以邀請小朋友來當店員或客人」，「你們一起試試看，怎樣搭建起更高的積木塔」。

在幼兒遊戲過程中，教師亦可透過建議和發問以激發幼兒思考人際的關係。尤其在一間遊戲教室內，通常有二、三十位幼兒一起玩，人際互動頻繁，幼兒需學習考慮到他人的需要、想法和感受，在遊戲中彼此商量和決定一些遊戲規則；教師則需隨時在幼兒遊戲過程中，以適當的問題或建議引發幼兒考慮其行為的可能結果、想到別人的立場、察覺到遊戲規則是有理由的，引導幼兒在遊戲中學習同儕互動以及處理人際互動問題，例如：

「你一直在教室跑來跑去，如果滑倒了，可能會怎麼樣？」

「你這樣大聲叫，你想別人聽了會有什麼感覺呢？」

「玩過的東西亂丟，不放回原位，下次自己或別人要玩時，怎麼辦呢？」

「你爬得這麼高丟積木，如果下面正好有人經過，會怎麼樣呢？」

「你把沙用來丟人，你想沙進入眼睛裡，會覺得怎麼樣？」

「你們每個人都想玩這個玩具，那麼你們自己商量一下，怎樣讓每個人都能輪流玩得到？」

在幼兒遊戲過程中，如教師回應的語言較無法激發幼兒思考人際的關係，其可能導致的情形例如：

設置在走廊的積木角，三個男孩和二個女孩拿著一塊長形的大積木壓在

一個男孩立明的身上，他們的聲音很大，因此引來老師走到積木角。

　　立明：「老師，他們把我當作蹺蹺板。」

　　老師：「你自己不喜歡，應該怎麼辦？」

　　立明：「我跟他們說，可是他們一直壓我。」

　　其他幼兒：「你沒說！」

　　立明：「有！」

　　老師：「希望我下次再來，這邊變得不一樣了。」

　　老師轉身進入教室。

　　幼兒見老師進入教室，又再繼續玩，在積木角旁的樓梯間上下跑來跑去，然後又捉回剛才被壓住的立明，再用板子將立明壓在地上。

　　在這個例子中，教師雖然向被壓住的幼兒提示應直接表達自己的感覺，但沒有針對其他壓人的幼兒，進一步引導他們想到危險的遊戲動作可能對別人的影響，讓幼兒學習從他人的立場考慮他人的需要、想法和感受。

三、材料的支持

　　在幼兒園日常遊戲時段的計畫時間，教師可向全班幼兒展示可選擇的新材料，而在遊戲進行過程中，教師則注意觀察個別幼兒遊戲的情況和需要，同時運用上述的語言支持方式，提示或教導材料的使用方式和策略、示範或協助操作新的或較複雜的材料、提示新材料與幼兒既有知識和經驗之間的相似共通處、詢問幼兒還需要增添什麼材料和要放在哪裡、建議幼兒嘗試使用其他材料以達到遊戲的目標，或建議幼兒進行超越其現有能力之稍微困難或稍具挑戰性的運用材料方式，藉以支持幼兒延伸和擴展遊戲，同時持續提升幼兒的發展水準。

　　在遊戲之前的計畫時間，教師可向幼兒展現新的遊戲材料，引導幼兒討論和預測材料的潛在可能性，鼓勵幼兒進行各種不同的創造性試驗，例如當日新的遊戲材料是彈珠和幾塊木板，教師可提問：

「這裡有幾顆彈珠和幾塊木板，想一想怎樣使用木板滾彈珠，彈珠能滾得比較快、比較遠？」

「彈珠可以放在木板上的什麼位置，能滾得又快又遠？」

「還有什麼方法滾彈珠？」

接著可將彈珠和木板放在大積木角或科學角，讓幼兒自行探索和發現各種拼放木板或滾動彈珠的玩法，教師則繼續從旁協助幼兒拼放連接木板或大積木、增添大塊木板或繩索、增添更多彈珠，或展示不同的滾彈珠方式，以激發幼兒試驗自己不同的行動可能使物體（彈珠）產生不同的反應，從中發現自己的行動和物體轉換的關係。

在幼兒遊戲過程中，教師隨時給予幼兒材料的支持方式，可參考下列要點（Saunders & Bingham-Newman, 1984）：

1. 對於個別幼兒的興趣和能力，需謹慎地保持一個開放的心靈，避免因預期某位幼兒喜歡什麼材料，就無意識地引導他去做教師期望他做的事情。

2. 維持適當而多樣化的材料數量，材料太多可能導致雜亂和分散注意力，材料太少則可能減少學習的潛力。

3. 知道哪些材料可能增進幼兒的各種興趣和發展水準，並且知道何處取得材料，將這些材料蒐集放在遊戲室的櫃子裡備用。

4. 引導幼兒如何愛護設備和可接受的使用材料方式，讓幼兒看到材料使用的規則和決定每種使用方式是否符合規則。

5. 示範某一種材料在遊戲區的使用方式，讓幼兒考慮到交通路線、吵雜的聲音或安靜的活動等有關因素。

6. 提醒幼兒在新的放置區找到舊的材料，或能因此引發新的創意和發明新的使用方式。

7. 協助幼兒發現使用舊材料的新方法，或應用舊技術於新的材料。

8. 幫助幼兒按其需要選擇和發現適當的材料，例如，選擇適當的剪刀、找到較輕的積木等。

9. 提供額外的材料，幫助幼兒驗證他們已做的預測，例如，給一位幼兒較輕的錫片，讓他驗證是否所有的金屬物都會沉入水中。

10. 協助幼兒清理材料或建議清理的策略，使材料隨時保持適用，但不妨礙幼兒的思考，例如建議：「只收拾紅色的東西、畫畫的材料或這個地方」；「找一個朋友幫你清理這個」；「想一想你先要清理什麼，然後再清理什麼」。

11. 對於什麼材料能在什麼地方使用保持彈性，但提醒幼兒注意他們是從何處取得材料，以便隨後能歸放原位。

12. 讓幼兒意識到材料的多樣性，建議幼兒使用其他材料以達到他們的目標，建議尋找材料的地方，和幼兒一起探索材料，或向幼兒解釋和示範材料。

教師因應幼兒的興趣發展和遊戲情節，給予幼兒遊戲材料之支持，因而擴展幼兒遊戲與學習，例如以下兩個例子的情形：

【例一】

彈簧圈是一種具有多樣轉換性的材料，可隨著遊戲者的行動和不同玩法而立即產生不同的反應，益智角放置了一個彈簧圈，幼兒最初拿到彈簧圈，只是一再重複地上下甩動；老師即展示如何將彈簧圈放在椅子或盒子堆疊成的階梯上玩，讓幼兒看到彈簧圈從階梯上翻滾下來的樣子，接著幼兒即自行試驗滾動和拉長彈簧圈的不同遊戲方式。

【例二】

老師在娃娃家看到兩位幼兒在爭著戴一副動物面具，因此，在當日下午的準備時間，老師放了很多動物面具在娃娃家，並將娃娃家的入口處布置成一個山洞。

第二天，當幼兒發現了娃娃家的變化，即高興地戴起面具扮演起來，老師從旁觀察了一會兒之後，進入娃娃家問幼兒：「你們對自己住的地方滿意嗎？山洞裡還需要增加一些什麼東西呢？」幼兒們有的說增加樹，有的說要花、草，還有人想要一座池塘。老師再問：「那麼，你們認為這些東西要怎麼做？要放在哪

裡？」於是接下來的時間裡，孩子自己找到材料後，開始愉快地玩，老師讓幼兒自己做決定、自己動手做，老師只在幼兒碰到困難時才給予幫助。

幾天之後，動物的家已布置好了，老師又開始了下一步的引發：「你們認為動物們一天的生活是怎麼樣的？」於是幼兒們紛紛發表自己的意見，老師將它們編成故事，最後幼兒們進行扮演活動。

在幼兒遊戲過程中，如教師較無法支持或延伸幼兒操作材料的方式，其情形例如：

成昌和俊生在益智角玩釘板，成昌拿一條橡皮圈套在釘板上的鐵釘之間，接著俊生拿了許多橡皮圈放在釘板上，然後兩人把更多的橡皮圈直接放在釘板上。成昌請老師過來看。

成昌：「你看，我們放了很多蜘蛛網。」

老師：「哦！好特別喔！」

成昌：「我們還要再放多一點。」

老師：「好像愈來愈難了。」

接著，成昌和俊生繼續拿橡皮圈套住釘子。

老師：「等你們做好，我再過來看。」

老師走後，成昌和俊生再繼續拿出更多橡皮圈，套在釘子之間，然後又把釘板上所有的橡皮圈拿下來，接著便改玩益智角的樂高積木。

在這個例子中，教師由於幼兒的邀請而介入遊戲，但教師未能進一步引發幼兒如何將不同顏色的橡皮圈套在釘板上不同位置的各個鐵釘之間，藉以嘗試創造出各種不同樣式的蜘蛛網或其他更多樣的構圖造型，因而導致幼兒只是重複先前單一的操作動作，隨即終止遊戲。

四、參與遊戲

前述透過語言和材料支持遊戲，是教師保持教師的角色位在遊戲之旁的引導方式，而參與遊戲則是教師以幼兒玩伴的角色，進入幼兒的遊戲架構之內。成人為什麼要參與進入兒童的遊戲，歸納而言（Bennett, Wood, & Rogers, 1997; Howes & Smith, 1995; Johnson et al., 1987: 23-26），其參與的意義包括：

1. 給予支持：參與兒童遊戲讓兒童知道遊戲是有價值的、值得的，兒童受到支持鼓勵而喜歡遊戲。

2. 建立關係：參與兒童遊戲藉以和兒童建立親密的關係，讓兒童更願意親近成人並產生較安全的依附行為。

3. 持續遊戲：參與兒童遊戲有助於兒童持續地遊戲，遊戲時間愈久，遊戲情節愈豐富，遊戲的持續性能引發專注的能力。

4. 遊戲品質：參與兒童遊戲可提高兒童遊戲的層次和品質，使其遊戲更精緻和豐富，如要發揮遊戲對兒童的益處，不僅是任其動動手而已，還需要引發兒童進行心智想像的建構遊戲或同儕互動的社會遊戲。

5. 增進發展：有關遊戲訓練的研究顯示，成人參與兒童遊戲不僅能提高兒童遊戲的層次，也可能增進兒童的創造力、口語溝通、角色取替、同儕互動的發展。

但是需注意的是，成人參與兒童遊戲的時間和方式，需能適合進行中的遊戲情境和遊戲中兒童的需要，參與遊戲才有上述的意義；否則如果過度參與、不適時的介入，或扮演成人式的督導角色，則可能干擾、抑制或完全停止兒童原來進行中的遊戲。

教師以幼兒玩伴的角色參與幼兒遊戲的方式可分為與幼兒平行遊戲、共同遊戲和遊戲教導。換言之，與幼兒平行遊戲可說是「在一旁陪幼兒玩」，與幼兒共同遊戲可說是「和幼兒一起玩」，遊戲教導則可說是「教幼兒玩」，教師陪幼兒玩、和幼兒玩或教幼兒玩時，亦可同時給予幼兒遊戲如前述的語言和材料的支持，

幼兒園遊戲課程

以下即分別說明這三種參與幼兒遊戲的方式。

（一）平行遊戲

　　教師與幼兒平行遊戲的方式，就如前述幼兒平行遊戲的方式是各玩各的，即教師靠近幼兒、陪著幼兒玩相同的材料，但不意圖直接和幼兒對話互動或影響幼兒的遊戲，幼兒可能在這樣沒有壓力的情形下，藉著觀看教師的玩法而學到玩的新方式或接受新的想法。這種參與遊戲的方式常適用於功能遊戲或建構遊戲，由於成人在平行遊戲中沒有和幼兒互動，因此可在幼兒遊戲過程中的任何時候介入，皆不會干擾到幼兒的遊戲；例如，教師觀察一位幼兒一直平面地排列積木，教師可靠近幼兒身旁堆疊積木的立體造型，或對著自己述說玩法（如：「哦！我蓋了一棟五層樓的房子」），以這種不干擾的行動或語言暗示幼兒新的玩法。

　　以下是教師與幼兒平行遊戲玩沙的實例，細膩呈現幼兒在遊戲中認知建構的學習過程（引自 Forman & Kuschner, 1984: 137-140）：

　　章翔正在蓋一個沙堆，沙是濕的，能保持他所塑造的形狀，章翔蓋了沙堆之後，立即用手將沙堆打散弄平，然後又再開始蓋沙堆。

　　章翔正在學習一個轉換（transformation）的過程，從一個平面狀態的沙（狀態 A），轉換成一個沙堆（狀態 A'），然後再從沙堆回轉到原來平面狀態的沙（狀態 A），這個周期一直重複著。章翔用他自己的手產生轉換，這個事實幫助他明白從沒有沙堆、有沙堆，然後又沒有沙堆之間的轉換步驟，章翔學習到平的沙面和沙堆是相同的沙，因為他能將沙堆恢復到它原來的平面狀態。

【進入遊戲】

　　老師觀察著章翔蓋沙堆和弄平沙堆的周期，察覺到進入幼兒遊戲的機會，他注意到不要干擾到章翔自定的目標，他走進沙箱，小心地不要妨害到章翔的空間。老師開始在章翔旁邊做沙堆，沒有說什麼話，章翔偶爾看看老師在做什麼。老師做了幾個沙堆後，開始用一個新的方式，他不將沙堆弄平，而是將手放在沙堆上

122

用力地壓，並側著頭仔細看沙堆改變形狀的過程，這時，他仍然沒有說什麼話，也沒有要求章翔跟著他做。

如果章翔看到老師做得很有趣，他自己將會選擇跟著做，而如果他沒有覺得老師做的是有趣的，老師不應口頭要求幼兒模仿他，因老師認識到讓幼兒發現他自己問題的重要性，幼兒只有在問他自己有關物理世界的問題，才能瞭解他們的行動結果。

如果章翔也開始像老師一樣用手壓沙堆時，老師可針對手上的行動，看著他自己手中轉換的沙堆說：「沙愈來愈平了。」這句話可能促進幼兒思考沙堆的轉換和自己行動的因果關係，並認識到他的行動能產生有趣的物體轉換；而反之，如果老師這句話是直接針對著章翔說的，例如說：「看看你把沙弄得多麼平。」章翔可能覺得他做錯了事情，而不是去注意到行動的結果。

老師在幼兒身旁平行地玩沙，逐漸地壓平沙堆的目的，是想讓幼兒注意和意識到平面的沙（狀態 A）和沙堆（狀態 A'）之間的連續關係，而不只是兩個連續的狀態；而如果幼兒總是一下子太快將沙堆弄平，他將沒有足夠的時間考慮到自己的行動和其結果。

【變化】

年齡較長的幼兒可能做各種沙堆，而不僅是蓋沙堆，他開始考慮到許多物體的大小、形狀和位置。例如，佩穎做了兩個並排的沙堆，然後拿著一輛玩具車通過兩個沙堆之間，但是兩個沙堆太靠近了，玩具車幾乎不能通過。老師和佩穎平行地玩一會兒，然後老師看到一個機會進入幼兒的遊戲，他試著拿一輛大卡車通過沙堆之間，但是兩個沙堆靠得太近，老師說：「我想使這輛車開到另一邊。」並且等著佩穎的反應。

如果佩穎沒有什麼反應，老師繼續和佩穎平行地玩，而如果佩穎似乎認知到老師提出的問題，老師可以問：「你能怎樣幫我使這輛卡車通過這些山？」這個問題可能引發佩穎注意到卡車的大小和通道的大小，並且更進一步考慮調整沙堆的距離，成為適合卡車的通道；佩穎可能強使卡車衝撞過沙，可能在沙堆之間掘

出更多空間，可能使卡車繞過沙堆而行，或者可能將其中一個沙堆堆高，以創造一個更寬廣的通道。

　　老師提出的問題引發幼兒想到兩個物體之間的關係，以及如何改變這關係以符合特定情境的需要；幼兒想到改變兩個沙堆之間的距離，是將距離視為一個關係、一個連續的運動。

（二）共同遊戲

　　共同遊戲是教師進入幼兒的遊戲中，和幼兒一起玩，加入幼兒進行中的遊戲情節，但是讓幼兒主導著遊戲的進行方向，教師主要在反映幼兒的談話和行動，有時也問些問題以擴展遊戲的內容，或引導其他幼兒也加入遊戲。教師在加入遊戲時，需能符合進行中的遊戲情節，例如，幼兒正在扮演商店老闆的角色，但可能膠著於某個重複的事件中，這時教師即可假裝是一位顧客，走過來向老闆買東西，並詢問他賣些什麼，這樣就比直接問幼兒：「我可以進來玩嗎？」更切合幼兒進行中的遊戲情節。

　　共同遊戲常是由於幼兒邀請教師加入他們的遊戲，以下是兩個這樣的例子：

【例一】

　　珍珍和曉楓在娃娃家用碎紙片假裝在煮麵條，老師在旁觀察了幾分鐘，幼兒邀請他加入遊戲。

　　珍珍：「你喜歡吃麵嗎？」

　　老師：「我喜歡。」

　　珍珍：「這是一碗麵。」端給老師一碗碎紙片。

　　老師：「謝謝，它看起來很好吃的樣子。」

　　曉楓：「加點醬油。」

　　老師：「謝謝，你們有沒有胡椒粉？」

　　珍珍：「有，這是胡椒粉。」拿給老師一塊積木。

　　老師：「謝謝，這個蓋子要怎麼開？」

珍珍：「來，我幫你開。」拿著積木假裝轉動蓋子。

老師：「真謝謝你。」假裝倒胡椒粉在麵裡。

曉楓：「麵好不好吃？」

老師：「很好吃！」

【例二】

在鋪著地毯的大積木角，幼兒正堆疊散放著的各式大積木，老師走過來看。

明南：「吳老師，你來當病人好不好？」

老師：「好啊！」老師躺在地毯上一塊木板上，三位幼兒圍著老師看。

老師：「我生病了，怎麼辦呢？」

明南：「要開刀！」拿著一塊積木在老師身上比劃一刀。

林杰：「要打針！」拿著一塊積木刺在老師右手臂上。

明南：「我開藥給你吃。」拿著一塊積木對著老師張開的嘴。

老師：「我覺得好多了，謝謝你們！」站起身來，離開積木角。接著，林杰也在剛才老師躺的木板上躺下來。

明南：「我來給你看病，嘴巴張開來！」拿著一塊積木對著林杰張開的嘴左右搖晃。

在上述兩段遊戲情節中，教師讓幼兒主導著遊戲的進行，其中也藉著三種談話方式引介新的因素，潛在地充實幼兒遊戲的內容，例如：

1. 詢問資料：「你們有沒有胡椒粉？」
2. 請求指導：「這個蓋子要怎麼開？」「我生病了，怎麼辦呢？」
3. 反映幼兒的談話和行動：「很好吃！」「我覺得好多了，謝謝你們！」

共同遊戲由於是加入幼兒進行中的遊戲情節，且讓幼兒主導著遊戲的方向，因此除非教師留在遊戲中太久，共同遊戲的方式將較不會干擾到幼兒的遊戲，共同遊戲的一個原則是其參與的時間讓幼兒和成人皆能樂在其中。

教師和幼兒共同遊戲，並不教幼兒任何新的遊戲行為，因此最適合用於幼兒

已經正在進行的較高水準遊戲（如：社會戲劇遊戲或建構遊戲），但是正陷入某個重複的遊戲事件。共同遊戲需要可讓成人加入之進行中的戲劇或建構遊戲情節，因而較無法適用於缺乏高水準遊戲經驗的幼兒，或缺乏認知和社會技巧的幼兒；如果幼兒幾乎完全在從事身體的練習遊戲，教師將很少有機會進入他的戲劇或建構遊戲中，這樣的幼兒通常需要較直接的遊戲教導，等到他們能開始自發地從事戲劇或建構遊戲，教師再與他們共同遊戲。

（三）遊戲教導

遊戲教導和前述共同遊戲不同之處，主要在於共同遊戲的成人是加入幼兒已在進行中的遊戲，而遊戲教導的成人常引導一個新的遊戲，採取更主導的角色帶著幼兒玩，可能主導著幼兒遊戲的進行過程，較直接教幼兒如何玩，因此更需要注意考量介入幼兒遊戲的時間點。

遊戲教導是一種遊戲訓練的方式，遊戲訓練的研究初始於 Smilansky（1968）指導低社經背景的兒童進行社會戲劇遊戲，參照社會戲劇遊戲的六個因素：角色的扮演、物體的扮演、行動和情境的扮演、持續時間、社會互動和口語溝通，指導低社經背景兒童進行社會戲劇遊戲的能力。依照社會戲劇遊戲的六個因素，教師觀察到幼兒的戲劇扮演遊戲呈現如下列的情形，即可嘗試透過遊戲教導提升幼兒社會戲劇遊戲的品質與數量：

1. 角色的扮演：侷限於扮演某個角色，或重複簡略模仿該角色的單一特徵，無法展現更多種角色或更多樣的角色行為特徵。
2. 物體的扮演：只重複操弄真實的物品或仿真的模型玩具，無法隨手運用任何物品象徵或替代所扮演的物體（如：拿椅子當作汽車）。
3. 行動和情境的扮演：停留於單一的扮演動作和簡單的扮演情節，無法展現更細膩多樣的動作和更豐富的情節。
4. 持續時間：遊戲時間短促，玩一下即中斷，無法持續約十分鐘以上。
5. 社會互動：幼兒常獨自玩，很少或很難和其他幼兒一起互動扮演。
6. 口語溝通：缺少「扮演溝通」（遊戲架構內角色之間的對話）或「後設溝

通」（遊戲者暫時跳開遊戲架構、與玩伴商談遊戲情節、角色分配、道具使用，或彼此合作等）；幼兒扮演的對話簡略，無法充分表達所扮演角色的特質，或無法與人商談遊戲如何進行。

針對上述社會戲劇遊戲因素的短缺情形，教師即可參與幼兒的遊戲，擔任遊戲中的一個角色，教導幼兒遊戲的方式，例如：

1. 角色的扮演：教師可運用口語、動作、衣飾、道具等示範角色的扮演方式，例如說：「我是一個醫生，請問你哪裡不舒服嗎？」或扮演媽媽餵嬰兒喝奶的動作，穿戴起交通警察的衣飾和道具指揮交通。

2. 物體的扮演：如幼兒正在玩開商店的遊戲，教師可拿幾張紙片當作錢，向幼兒買東西，或是拿個積木放在耳邊當作手機，向幼兒訂購外送的商品，藉以暗示幼兒如何運用日常的物體來扮演。

3. 行動和情境的扮演：如幼兒正在玩一般的扮家家，教師可邀請幼兒：「我們一家人要出去郊遊了，讓我們一起來準備野餐的點心吧！」「今天要大掃除，當爸爸的人要幫忙做什麼呢？」藉以激發幼兒想像和模擬新的行動和情境。

4. 持續時間：幼兒遊戲即將中斷，教師可建議增加扮演的情節，如幼兒正在抱著娃娃，教師可提議：「娃娃一直在哭，看起來是餓了，快給他沖瓶牛奶吧！」

5. 社會互動：幼兒缺乏與人互動時，教師可扮演一個較次要的角色與幼兒互動，例如邀請幼兒：「你來當司機，可以載我去車站嗎？」「我們一起開車去旅行，你想去哪些地方呢？」

6. 口語溝通：如幼兒在扮演遊戲中很少運用口語溝通，教師可適時提示兩種溝通方式：

   (1) 扮演溝通：例如對幼兒說：「老闆！我要買一瓶牛奶。」「媽媽！我要睡覺了！」「李醫師！我的孩子有點發燒，你看看是什麼問題呢？」

   (2) 後設溝通：例如對幼兒說：「我們先來吃飯，然後一起去逛街！」（計畫遊戲情節）；「你當司機，苓芝來當乘客好嗎？」（分配遊戲角

色）；「我們用這個箱子當公車，怎麼樣？」（道具的使用）；「當司機的人要幫乘客剪票，乘客下車前要假裝按鈴哦！」（玩伴之間的合作）。

如果幼兒的扮演遊戲行為開始自發地呈現上述因素，教師即可從遊戲教導逐漸轉為共同遊戲的非指導角色，或是完全退出遊戲，讓幼兒繼續發展他們自己的遊戲情節。除了扮演遊戲之外，教師亦可運用遊戲指導的方式，指導個別幼兒或一小組幼兒玩較複雜的建構遊戲（如：木工、縫工）、規則遊戲（如：玩象棋、撲克牌），或烹飪遊戲（如：製作小點心）等。

第八章
幼兒遊戲經驗的計畫

　　在一個團體的教育場所中，教育的過程通常需要有所計畫，計畫是預擬的、前瞻性的。參照第四章論及遊戲課程實施的取向，在課程計畫方面，遊戲課程是以幼兒自發興趣為起點的萌發課程，幼兒在遊戲過程中的經驗不同，因此每位幼兒有其自己的課程；而萌發式的遊戲課程計畫，教師所計畫的只是可能的、潛在的，並不一定會成為幼兒真正經驗的一部分。遊戲課程的計畫以過程的取向廣泛思考遊戲的方向和彈性規劃遊戲環境，計畫常是隨著幼兒遊戲與學習的情形而調整，而未計畫的學習亦被視為課程的一部分。本章即按此過程的取向，論述教師如何計畫幼兒自發的個別化遊戲經驗。

　　廣義的課程或教學計畫，是教師在教學前後的持續思考過程，引導教師在教學過程的行為和判斷，教師組織其教育措施的任何活動都是教師的計畫，其中包括書寫的或未書寫的計畫，未書寫的計畫是教師在教學之前後和過程中反省思考的心智計畫（Clark & Peterson, 1986; Clark & Yinger, 1980）。本書之前第五、六、七章分述之規劃幼兒遊戲的空間、提供幼兒遊戲的時間，以及教師在幼兒遊戲中搭起學習的鷹架，即是有關遊戲課程的心智計畫內容，這些心智計畫潛在引導著日常遊戲課程的運作，至於日常遊戲經驗的書面計畫（一般所稱之教案），即可隨著教師省思如何規劃遊戲空間、提供遊戲時間，以及鷹架幼兒遊戲的心智計畫，隨時做書面的計畫和記錄。由於幼兒的遊戲經驗是在遊戲過程中形成，教師的書面計畫只初步預擬遊戲的潛在方向，之後隨時記錄遊戲的情形，再進一步計畫遊戲接著持續的潛在方向，藉以輔助教師維繫其持續思考的心智計畫過程。因此遊

戲經驗的書面計畫，並非一開始即做最終的結構式書面教案，而是方向式、萌發式的筆記計畫，隨時準備跟著幼兒遊戲的感覺、興趣、意向和情形，且玩且走，持續走出幼兒遊戲經驗的計畫。

壹、過程取向的遊戲目標

第三章第壹節「遊戲遇見幼兒課程目標」，論及遊戲的目標可隨著幼兒的願望而有所不同，幼兒遊戲的目標可彈性變動、伸縮自如，創新性目標可隨機浮現於幼兒遊戲中的想法與興趣。遊戲課程是過程取向的個別化經驗，幼兒在遊戲環境中的經歷不同，因此每位幼兒有其自己的課程，以下先舉出遊戲觀察的實例（引自筆者學生的實習觀察紀錄），描述在一個幼兒園班級的遊戲室內，幼兒單獨一人、三三兩兩，或是一小群聚在各個遊戲角玩的情形，過程取向的目標所要指向的就是這樣個別化和多樣化的遊戲方向。

科學角：三位幼兒手上拿著蠟燭，讓蠟燭液滴在桌面上或保麗龍板上，其中一位幼兒把蠟燭固定在桌面上，接著拿出一個空的奶粉罐，底部鑽了幾個洞，倒放在燭火上，再把撕碎的葉子放在罐子底部的上面，一面用筷子攪動葉子、一面澆水，葉子就逐漸熟爛了。接著，另一位幼兒拿著捲成筒狀的紙，就著燭火點燃，放在桌子上，其他兩位幼兒趕快提水來澆滅。

沙箱角：四位幼兒用勺子撥弄著黃濁的泥水，由沙箱的一邊撥到另一邊，幼兒的衣服、袖口都沾了泥水，等到另一邊的泥水多了，幼兒就跑到沙箱的另一邊撥水，泥水濺了滿地。

美術角：一位幼兒拿著畫筆在畫架上畫畫，白色的畫紙上全是紅色的線條和圖樣，然後笑著大叫：「老師，好了！」老師過來拿起畫紙貼在牆上，幼兒站著看牆上的畫紙，看了一會兒，才走到玩具角去。另幾位幼兒拿著舊報紙，用膠帶黏貼成各式各樣的立體造型，有時用畫筆在報紙造型上畫上幾筆。

泥工角：一位男孩和一位女孩坐在一起玩著麵粉糰，兩人拿出幾個盤子放在桌子，女孩又拿出星星狀的塑膠模型，壓在盤子裡的麵粉糰上，男孩放下自己的麵粉糰，看著女孩玩。另一個男孩單獨坐在桌子的另一角，手指揉捏著黃色的黏土，然後捏著一小塊一小塊的黏土，往大塊黏土堆上黏放，然後又一小塊一小塊地拿下來。

縫工角：一位女孩拿出一個保麗龍製的蛋糕盒蓋子放在桌上，又拿一張紅色的海報紙放在盒蓋上，再用穿了毛線的針，一針一針地在海報紙的四邊戳洞，洞戳完之後，即用針縫上毛線。

扮演角：三位女孩穿著高跟鞋和長裙來回走著，有時翻動著櫃子上的東西，其中一位提議說：我們出去買東西好不好？另兩位馬上過來，三個人商量著要買什麼東西。接著，一位男孩和一位女孩走進來，男孩坐在一張矮藤椅上，女孩拿著梳子和吹風機，幫坐著的男孩吹頭髮。然後，男孩提議說：「我們出去烤肉！」幾位幼兒一起拿著電鍋、爐子、竹籃子和杯子，走到教室外的樓梯口，一位女孩將一個粉紅色的紙帽子放在電鍋裡說：「這是烤乳豬！」

積木角：幾位幼兒搬動堆疊著大積木，蓋了一棟房子，一位女孩說：「有鬼啊！」

男孩指著房子的頂端說：「這裡有個洞。」

女孩接著說：「這是冷氣孔！」

（在觀察期間，其他圖書角、益智角和音樂角都沒有幼兒去玩。）

　　面對幼兒如上述這樣個別化和多樣化的自發性遊戲，教師的書面計畫所能預先計畫的，是運用過程取向的目標列舉幼兒在各個遊戲角可能進行的遊戲方向或學習機會，至於遊戲的細節則留待幼兒在遊戲情境中自行去擴展。

一、過程目標的計畫

　　過程模式的課程發展程序是先設定一般目標，接著安排環境，實施創造性的

教學活動、記述，依教學活動實施評鑑；亦即先設定一般目標，教師充分理解一般目標，發揮其專家的經驗和技能，以實施創造性的教學活動，然後盡可能詳細敘述教學活動引起的結果，但結果不限於前訂的目標（歐用生，1985：68-74）。過程模式的課程目標考慮到複雜的個人心理發展型式，因此以廣泛的、長程性的一般目標代替特定化的行為目標。國內一般通行的目標模式是以行為主義的觀點確立明確的行為目標，再依據這些目標選擇教材、組織內容、發展教學程序，並實施教學評鑑，其所依據的前提是：學習是在有系統的、可預測的方式下進行的，因此課程是達成行為目標的手段，課程發展是標準化和系統化的過程。然而，這種系統化的過程常以教師的教學為導向，適用於計畫由教師指導的團體、分組，或個別的教學活動，但不適用於幼兒自發、自行選擇、彈性發展的遊戲本質；如果以目標模式的方式設計幼兒的遊戲經驗，以系統化的行為目標預先統一畫定幼兒的遊戲經驗和結果，將可能扭曲了遊戲的本質，而流於操縱或抑制遊戲的豐富性、多樣性和潛在發展性。

　　第三章第壹節「遊戲遇見幼兒課程目標」，提及遊戲的目標發揮於遊戲過程的方法特質，而不是限定於遊戲的特定內容，遊戲的目標是深入幼兒在遊戲過程中運用的廣泛能力，而非表面的特定行為改變。因此，計畫幼兒的遊戲經驗，基本上是依循幼兒園或教師個人對於幼兒發展和學習的廣泛的、長程性的一般目標，此一般目標代表幼兒園的課程導向、特色或教師的教學信念、價值觀。如參照第四章第肆節所論「遊戲課程實施的發展取向」，遊戲是兒童身心各方面發展的主要媒介和顯示過程，由幼兒全面發展的觀點看，幼兒遊戲經驗的長程性一般目標即包括幼兒在遊戲過程中運用的廣泛能力，包括身體動作、語言溝通和表達、認知和學習解決問題、與人交往的社會互動、抒發情緒，以及想像和創造性表達的能力。

　　遊戲的目標可彈性變動、伸縮自如，創新性目標可能隨機浮現於幼兒遊戲中的想法與興趣，因此教師計畫和敘寫幼兒遊戲經驗的目標時，可採用著重於活動程序和過程之過程取向的教學目標，代表學習旅途中的道路而非終點，並容許在活動和經驗中不斷地改變和修正。過程取向的目標可參照 Eisner 提出的表意目標

（expressive objective）（黃政傑，1991：248-250；歐用生，1985：45-46）方式敘寫，表意目標著重於形成可能的種種創造反應，是超越現有的，不但在使學生發展，而且此種發展是因人而異的；因此表意目標並非以行為名稱來詳述教學結果，而是敘述學生教育上的遭遇（educational encounter），描寫的是學生的工作情境、所要研究和解決的問題，或即將從事的工作；表意目標是引發的而不是規定的，它僅敘述活動的程序或原則，以指引課程發展，做為即時的決定和修正的基礎；表意目標所要的是學生反應的多元性，而不是同質性，在表意的脈絡中，教師希望提供一個情境，學生由此獲取其個人的意義和顯示個人的特質。Eisner舉例說明表意目標的敘寫方式如下：

1. 解釋「失樂園」的意義。
2. 檢視和評估「老人與海」的重要性。
3. 使用電線和木材，設計三度空間的形式。
4. 訪問動物園，討論其中的趣味。

這些表意目標確立學生所遭遇的情境，例如，解釋「失樂園」的意義或設計三度空間的形式，均指出學生工作的項目或問題，但學生的學習結果如何並未指定。由學生所遭遇之情境的種類，師生均可獲得評鑑所需的資料。這種評鑑方式如同藝術批評一樣，只就品質和意義來評估成品，而不事先引導藝術家去畫出特定的作品。

敘述活動程序或原則的過程目標運用在幼兒教育的課程中，可包括人性的各種經驗，讓幼兒經驗到尊重、信任、支持和活動的自主性，經驗到問題解決、工作建構、工作設計或發現環境的物質特性；還可包括心理社會技能，例如：領導、服從、合作、自我表達、自我尊重或自信；其他過程目標還可能是喜愛上學、有效地運用時間，或獨立地思考和行動（Schwartz & Robison, 1982: 11）。在擬定過程取向的課程計畫時，是著重於活動過程和參與的品質，而不是行為分析式的目標，教師更加注意到每位幼兒活動的多樣性、工作參與的持久性、工作介入的社會技巧，和參與活動的品質，過程取向的幼兒課程目標的敘寫形式，可能如下所列（Robison, 1983: 167）：

1. 使用拼貼材料，進行壁畫的團體創作，並尋求自我的滿足。

2. 發現更多不同的方式，做手指繪畫的表達。

3. 做壓印畫時，發現有趣的設計和顏色的可能性。

4. 創作簡短的歌，以表達情感。

5. 將無意義的音節予以幽默的押韻。

6. 創造一個「不可能產生」的故事。

7. 戲劇性地演出一個熟知的故事，演出一個不同的結局。

8. 模擬一個故事中的某個人物。

又例如，高敬文（1987）列舉發現學習課程的程序目標，主要在提示需先準備的材料、活動進行的方向、環境布置的輪廓或幼兒可能的反應和需要等，但不預先詳細規定幼兒將學會什麼，程序目標的形式，例如：

1. 今早全班一起布置教室。

2. 利用餐前時間，和小組討論「輪流」。

3. 本週各角配合主題布置，方案如下：……

4. 和美麗談她的昆蟲蒐集……

以上列舉之表意目標、過程取向的課程目標、發現學習課程的程序目標，皆可運用於計畫幼兒可能的遊戲方向或潛在的遊戲經驗。

二、參酌課程目標計畫遊戲區

參照上述適用於計畫幼兒遊戲課程的過程模式，幼兒遊戲的目標主要是由幼兒自我產生而非他人強加，遊戲的目標可隨著幼兒的願望而有所不同，因此較廣泛包含幼兒發展和學習的一般目標，可彈性運用於發展幼兒課程中的遊戲方向，且可能連結個別幼兒的不同遊戲目標。如此包含幼兒發展和學習的一般目標，可參酌引用我國於 2016 年發布之「幼兒園教保活動課程大綱」（教育部，2016）的各領域課程目標。

「幼兒園教保活動課程大綱」（以下簡稱「課綱」）是由幼兒的發展出發，

將幼兒園課程分為身體動作與健康、認知、語文、社會、情緒和美感六大領域，每個領域的架構皆分別包括領域目標、課程目標，以及二歲至六歲幼兒的分齡學習指標；透過統整各領域課程的規劃與實踐，陶養幼兒擁有覺知辨識、表達溝通、關懷合作、推理賞析、想像創造、自主管理之六大核心素養，這六大核心素養是統整各領域的領域能力而來，各領域之領域能力指的是對人事物的覺察、義務和態度，也是素養的意義；領域目標是從該領域出發所描繪的孩童圖像，是該領域對幼兒學習的整體期待，課程目標則是該領域幼兒的學習方向，分齡學習指標強調在幼兒先前的基礎上朝學習指標的方向進一步學習；課程目標與學習指標是幼兒園課程規劃的藍圖（教育部，2016：5-7）。例如，表 8-1「參酌課綱領域課程目標計畫遊戲區」選取課綱六個領域的課程目標，擬訂幼兒在積木區、扮演區、益智區和美勞區遊戲過程中的學習方向。

　　參照過程模式的課程發展程序，教師擬訂了各個遊戲區的一般課程目標，即可依據課程目標的重點方向安排環境，提供可能讓幼兒開展學習機會的遊戲區和遊戲材料，接著因應個別幼兒在遊戲中浮現的學習機會，進一步參酌該幼兒年齡層的學習指標，鷹架幼兒的遊戲，提升幼兒的能力。例如，參照表 8-1 列舉積木區有關的各領域課程目標，教師即提供幼兒可能運用身體動作、整理數學訊息、運用圖像符號、與他人互動、表達情緒或獨特創作之各種積木、器材和配件；接著如觀察到一位四歲幼兒在積木區遊戲時，一直都是獨自在重複排列積木，即可參酌表中所列社會領域課程目標「社-2-2：同理他人，並與他人互動」所屬之四歲幼兒的學習指標「社-中-2-2-3：依據活動的程序與他人共同進行活動」，運用第七章所述教師鷹架幼兒遊戲的方式，教師或是參與幼兒的遊戲，示範如何和他人一起玩積木，或是採用與幼兒平行遊戲的方式，讓幼兒從旁觀察老師正在如何搭建積木，或是從旁建議和鼓勵幼兒與其他小朋友一起玩積木、一起搭蓋建築物。

　　表 8-1 所列舉各遊戲區的課程目標，是預期引發幼兒遊戲中學習的潛在方向，而不是預先規定幼兒的遊戲方式和學習結果，並且教師還可能因應個別幼兒在遊戲過程中彈性變動的遊戲目標，不受限於教師自己先前所訂的目標，而能彈性調

表8-1　參酌課綱領域課程目標計畫遊戲區

課綱領域	積木區	扮演區	益智區	美勞區
身體動作與健康	身-3-2 樂於善用各種素材及器材進行創造性活動	身-2-2 熟練各種用具的操作	身-2-2 熟練各種用具的操作	身-3-2 樂於善用各種素材及器材進行創造性活動
認知	認-2-1 整理生活環境中的數學訊息	認-2-3 整理文化產物訊息間的關係	認-3-1 與他人合作解決生活環境中的問題	認-2-3 整理文化產物訊息間的關係
語文	語-2-5 運用圖像符號	語-2-2 以口語參與互動	語-1-4 理解生活環境中的圖像符號	語-2-5 運用圖像符號
社會	社-2-2 同理他人，並與他人互動	社-1-5 探索自己與生活環境中人事物的關係	社-1-2 覺察自己與他人內在想法的不同	社-3-1 喜歡自己，肯定自己
情緒	情-2-1 合宜地表達自己的情緒	情-1-2 覺察與辨識生活環境中他人和擬人化物件的情緒	情-2-1 合宜地表達自己的情緒	情-2-2 適當地表達生活環境中他人和擬人化物件的情緒
美感	美-2-1 發揮想像並進行個人獨特的創作	美-1-1 體驗生活環境中愉悅的美感經驗	美-1-2 運用五官感受生活環境中各種形式的美	美-2-2 運用各種形式的藝術媒介進行創作

整或增減原計畫中的課程目標項目，關注幼兒在遊戲過程中的偶發經驗和全面學習。歸納而言，幼兒園教師參酌課綱領域的課程目標計畫遊戲區，是一種過程性、方向性、引發性和可變性的課程計畫，其中包括書寫的或未書寫的心智省思計畫。

貳、遊戲與課程的主題

　　第三章第參節「遊戲遇見幼兒課程組織」提及遊戲讓幼兒整合個人經驗的性能，可延伸至課程之組織，以遊戲統整課程的意義是讓幼兒在遊戲過程中發展和統整各自的能力、經驗、興趣和需要，因而構成並增進幼兒自己的意義架構。接著第五章第肆節「遊戲區的器材與運作」提及隨著單元主題的進行和更換，逐漸增加或更換遊戲角和材料的種類，即意指透過不同教學單元主題，可持續變換和擴展幼兒的遊戲經驗。主題是統整課程的核心，統整課程常透過主題貫穿所有課程內容（中華民國課程與教學學會，2000：16），幼兒園即常以幼兒生活的某個事物做為教學的單元或主題，而本書第一章「引言」中呈現兩歲多的佳諾玩車子的情景，顯示幼兒的遊戲內容也會呈現其主題，本節即從遊戲主題的意涵，論述如何連結遊戲主題計畫課程主題。

一、遊戲主題的意涵

　　遊戲有其表面的和深層的結構（structure），表面的結構包括題目（topics）和主題（themes），如超級英雄或家庭遊戲，深層的結構則觸及兒童的主觀經驗和關係，透過遊戲主題的轉換和發展，才可能辨認兒童在遊戲中的深層結構（Fromberg，1990b）。以下接續第一章呈現二歲至三歲期間佳諾玩各種車子的情景為例，將幼教界所謂遊戲統整幼兒經驗的教學概念，還原到孩子的生活經驗中來查考，查考在孩子日常生活的脈絡中，「車子」的遊戲主題如何展現其主觀經驗以及統整其生活經驗，藉以瞭解所謂遊戲統整幼兒經驗在日常生活的原本意義（黃瑞琴，2010）。

（一）遊戲主題的主觀經驗

　　佳諾玩車子的情景（參見第一章），整合了身體動作的身體遊戲、想像的扮

演遊戲，以及各式各樣有關車子的物體遊戲。身體遊戲，例如：運用雙手滑動、推拉、排放、連接車子或轉動圓形物品的方向盤，運用雙腳或全身騎車、推手推車走來走去；扮演遊戲，例如：毛線綁著積木當作吊車、玩具火車穿過積木隧道、騎車和推車載著布偶、拿鑰匙插在腳踏車空隙像在開動車子、轉動圓形東西像在開車轉方向盤等。佳諾運用身體動作和想像扮演玩著生活中各種有關車子的物體遊戲，包括玩具卡車、小火車、手推車、腳踏車、捷運等。

佳諾最初接觸一種車子的舉動，先是對這種新奇的物體觀看、觸摸或操弄的探索，持續接觸這種車子一些時日後，才加入更多身體動作的變化和想像的機能，而轉換為較積極參與之玩車子的行為。參照探索與遊戲之先後區別（Hutt, 1976），探索先被各種有關車子的物體或事物之刺激所引發，熟悉這些事物之後即進入遊戲的情境而萌生自我主導的問題：「我能用這個東西做什麼？」這樣的問題延伸至佳諾玩車子的身體遊戲、物體遊戲和扮演遊戲，在身體遊戲中運用各式各樣的身體動作而「體驗」我能做到什麼？在物體遊戲中玩耍各式各樣有關車子的事物而「覺察」我能用這個東西做什麼？在扮演遊戲中的角色和情節中「想像」著我能用這個東西做什麼？因而更加熟悉這個新奇的東西，並進而創造有關車子的訊息。

參照幼兒遊戲的發展，幼兒在二歲之前主要是隨自己的意思來使用玩物，二歲之後幼兒會較注意玩物的物理特性，並知道各個玩物在日常生活的用途，漸漸減少功能性或動作式的玩法，而趨向於整合性的、符合社會期望和習俗的應用玩物（Rosenblatt, 1977）。佳諾二歲之後玩車子的過程，即是由重複的功能式玩法（如：隨手拿著玩具車到處滑動、重複排放火車廂、推著手推車行進、用腳踩動車子），進而注意到車子的物理特性（如：方向盤的轉動、各種不同的車子樣式和移動方式），知道車子在日常生活的用途（如：車子可以載人、載物、可以到很多地方），並透過心智的想像機能，扮演現代社會中有關車子的景象，由模仿其中一個動作進而結合幾個相關的動作，連結成一個簡單的坐車、開車、過隧道、買票、刷票卡等的遊戲情節。

佳諾在身體遊戲和扮演遊戲的過程中交互進行著「車子」的物體遊戲，即一

方面運用著身體動作玩著各式各樣具體的車子，另一方面又運用著想像心智扮演著有關車子的抽象概念，交互形成由物體的類別概念去界定之所謂「車子」的遊戲主題。佳諾察覺這些東西是可以動的，車子底下圓圓的輪子會轉動，會隨著他的手、腳或身體動作而跟著動，而觸及佳諾遊戲的主觀意義：「我的身體能用這個東西做什麼？我能假裝做什麼有關這個東西的事情？」換言之，佳諾透過身體的動作或想像的情節玩著所謂「車子」的遊戲，不僅是在玩這個外在的物體，而是持續著測試、展現和延伸他自己內在的能力（我能做什麼）和興趣（我喜歡做什麼）。

（二）遊戲主題的脈絡關係

　　參照前述Ceci（1993）所論兒童智能發展過程的脈絡（contexts）（參見第二章第壹節中所述遊戲是脈絡的概念），佳諾玩車子的主觀經驗，可說是經由有關車子的玩物和空間之物理脈絡、佳諾個人的心智脈絡，以及生活所處的社會文化脈絡連結而成的關係。

1. 物理脈絡

　　在物理脈絡方面，佳諾玩車子的遊戲過程中，各式各樣的車子及其結構（如：輪子、方向盤、車門等）以及相關物體，結合成遊戲的物理脈絡，是形成遊戲主題的外在條件，提供佳諾探索和遊戲的機會。在佳諾的生活環境中，充滿了可讓他運用各種身體動作去觸摸、操弄、運動的空間和玩物，其中各式各樣的車子尤其是他好奇及尋找刺激的遊戲主題。再者，根據研究（Holmes, 1991），幼兒分類他們的玩具，是根據玩物的性質和功能（如：騎乘的玩具、扮家家的道具、填充動物玩偶等），以及根據他們是否習慣使用或喜歡玩這個玩具；佳諾經由時常探索和喜歡遊玩有關車子的玩物，逐漸獲得和創造有關車子的訊息，知道這個有輪子、會移動的東西就是「車子」，是可以騎乘的玩具。

2. 心智脈絡

　　在心智脈絡方面，佳諾玩車子過山洞、讓車子從斜坡滑下、用鑰匙啟動車、用毛線當吊車、用車子載人載物、以各種替代物當作方向盤來轉動、買票刷卡等

各種扮演方式，顯示佳諾在遊戲過程中建立有關車子的認知結構，在與車子有關的人事物互動時，運用既有的認知結構來表徵外界的刺激，此表徵系統即結合成遊戲主題的心智脈絡。

佳諾玩各種車子的遊戲內容是對其自身經驗的一種解釋方式，顯示其解釋車子概念的知識網絡。根據遊戲之內在動機來源（Gottfried, 1985），佳諾玩車子的動機除了享受活動、內在滿足之外，由於認知失調引發之好奇、喜歡探索新奇、複雜的、不協調事物（如：分辨車子的差異性、發覺車子在不同平面或斜坡移動的細微矛盾現象），以及感覺自己可藉著滑動、推動、轉動或踩動而控制車子，這種可讓事物如何發生或改變之精熟和我能感，可說是佳諾玩車子的動力來源。佳諾之身體遊戲蘊含的我能感是：「我的身體能做什麼？」物體遊戲的我能感是：「我能用這個東西做什麼？」扮演遊戲的我能感則是：「我能假裝做什麼事？」例如，佳諾常喜歡讓玩具車或手推車在斜面或斜坡往下滑，並接著哈哈大笑，他覺得有趣的這種玩法，就如認知失調理論所謂之幽默可讓幼兒達到認知駕馭的我能感受。

3. 社會文化脈絡

兒童遊戲有其社會文化的意義，關聯到兒童的背景、家庭文化，或更廣泛的社會文化（Nicolopoulou, 1991; Roopnarine, Lasker, Sacks, & Stores, 1998）。佳諾日常生活的家庭文化和更廣泛的社會文化，提供佳諾建構對其有意義和有興趣的車子訊息，因而建構起遊戲主題「車子」的主觀經驗。

在親子互動和家庭文化方面，父母認可和接納佳諾玩車子的興趣，盡量提供車子的相關玩物和空間，平日常陪他玩、和他玩，或偶爾教他玩（如：爸爸幫他用毛線做成吊車的形式、媽媽用積木拼成隧道讓他玩），還經常帶他外出坐車子、看車子、推車子、騎車子或開車子。在社會文化方面，生活在現代化的交通網路中，父母常帶著佳諾去坐去看的各種車子是日常生活的交通工具，佳諾的遊戲即隨之形成日常有關車子的社會化行為（如：車上有玩偶乘客、上車要買票或刷票卡、可以坐車去很多地方）。佳諾玩各種車子的身體動作和扮演情節，轉換自他對車子的所見所聞和所思所感，參照所謂文化的相關概念（Spradley, 1980: 3-6），

車子是佳諾所處之家庭文化和社會文化的物品（玩具車和真正的車子），並形成其文化的行為（經常玩車子和使用車子）和文化的知識（佳諾用來解釋車子相關經驗和玩車子行為的知識），車子文化的物品、行為和知識三者，即結合成車子遊戲主題的文化概念。

4. 統整的脈絡關係

　　佳諾在玩車子的遊戲時，參照幼兒遊戲的發展和改變趨勢（Garvey, 1991），一方面是物理和社會文化脈絡提供佳諾有關玩車子的機會和經驗，另一方面則是佳諾的心智脈絡引發其有關玩車子的想法和計畫，當佳諾連結起車子的物理和社會文化之相關概念，即運用此概念於想像的車子主題，逐漸減少依靠外在的玩具材料，使得其遊戲的主觀經驗愈加精細和複雜（如：以各種物品當方向盤、以毛線當吊車）。

　　佳諾在二歲至三歲期間玩車子的過程，參照 Piaget（1962）之練習遊戲發展階段理論，是由單純練習（如：拿著玩具車在平面上重複滑動），進而意外的結合（如：在重複滑動玩具車時，意外發現玩具車在斜面上會自動往下滑），再進一步則有意且有目的地結合統整行動、語言或材料，運用已習得的技巧來計畫和建構遊戲（如：結合滑動玩具車的動作、模擬開車、車行的聲音，和積木拼接成的隧道，玩火車過隧道的遊戲）。尤其二歲至三歲期間的佳諾，扮演遊戲正逐漸進入整合的階段（Fenson, 1985; Piaget, 1962），結合物體或動作的能力增強，能結合多個實物和一連串的動作來描述較複雜的事件，並逐漸增加一致性和次序性的玩法。根據扮演遊戲與認知發展的研究（Johnson, 1990），佳諾玩車子的扮演遊戲，讓他重現和歸納最近獲得有關車子的概念和經驗，以一種彈性的角色扮演方式，將自己分散的經驗整合成前後連貫的情節；例如佳諾會用兩個或兩個以上的連續行為，來反映相似的主題（如：讓玩偶坐在手推車上，推著車走），且能進行有連貫性的扮演遊戲（如：買票、刷卡），其中連結了遊戲玩物和想像心智，並且展現有關車子的社會文化習俗。Bruner（1996）指出遊戲關聯到人類經驗的再建構、意義的詮釋及想像力的發揮，兒童在遊戲過程中，不必擔心是否達成任何特定的結果，可自由嘗試、練習、統整成新的行為方式。

　　參照佳諾在日常生活中展現其有關車子主題的主觀經驗和脈絡關係，歸結幼教界所謂遊戲統整幼兒經驗的教學意涵。課程與教學概念中所謂的統整，係指合成一體或關聯起來的意思，每個學生都有其各自的能力、經驗、興趣與需要，這些構成了他自己的意義架構，所謂統整即應讓知識和學生經驗結合起來，使學生能運用知識並促進其意義架構的成長（黃政傑，1991：297-298）。當幼兒園以幼兒生活的某個事物（如：車子）做為教學的單元或主題之時，不是由外強加有關單元或主題的活動設計，而是需要提供幼兒有關車子的物理、心智和社會文化脈絡情境，讓幼兒在遊戲過程中凝聚遊戲的主題「車子」，讓幼兒自由嘗試、練習、統整、建構車子是對其有意義架構的主觀經驗，由遊戲經驗進一步延伸和擴展整體的課程經驗。

二、課程主題的計畫

　　課程主題的來源，可包括學生感到有趣的事物、學生生活中的經驗、社會中的熱門議題、知識概念、學習能力或技巧，以及時令節日（中華民國課程與教學學會，2000：16-17）；適用於幼兒園的課程主題來源，例如：幼兒感到有趣的事物（如：車子、偶戲）、幼兒生活中的經驗（如：乘坐交通工具、逛動物園）、社會中的熱門議題（如：交通安全、環境保護）、知識概念（如：各種形狀顏色、水的變化）、學習能力或技巧（如：學習交朋友、喜怒哀樂的情緒表達），以及時令節日（如：夏天到了、過新年）等。幼兒在遊戲中常會反映他們的興趣、生活經驗、知識概念或學習能力，教師日常可注意觀察幼兒遊戲呈現的主題傾向，從中延伸出課程主題。

　　具體而言，幼兒課程主題的計畫內容可包括幼兒的各種學習活動。幼兒學習的型態可分為大團體、小組、遊戲角和日常例行作息，對於幼兒各有其不同的學習目的（Copple & Bredekamp, 2009: 39-41）。大團體活動是全班一起進行活動，讓幼兒分享經驗、學習對團體說話、傾聽同儕朋友說話、一起分工合作；小組活動是將全班幼兒分成約六至八人一組，每組由一位教師（或助理、家長、實習老

師）引導，由於師生和同儕之間有密切的個別接觸，因此教師可參照幼兒個別的能力水準，進行指導性較高或更有焦點的學習活動；日常例行作息的時段，則包括：來園和離園、收拾清理、洗手、上廁所、吃點心、午餐、午睡、活動轉換等，亦具有身心發展的學習經驗。

　　所謂幼兒遊戲經驗的計畫，雖是直接針對遊戲區而言，計畫各個遊戲區有關課程主題的物理、心智和社會文化脈絡，其中包括需要準備的物理環境和材料工具、幼兒可能的心智想法，以及有關社會文化情境的遊戲進行方向，然而形成遊戲主題的脈絡，需要透過大團體、小組或日常例行作息的計畫，藉以連結課程主題與遊戲主題的脈絡，引發和擴展幼兒在遊戲區的遊戲內容和方式。換言之，大團體、小組、遊戲區和日常例行的各種活動可相輔相成，幼兒在特定時段大團體和小組活動使用過的材料，可持續放置在相關的遊戲區，讓幼兒持續延伸和擴展有關遊戲主題的經驗。

　　在認知理論概念上，Piaget（1962）指出個體的學習與發展需要有適應（adaptation）的過程，適應是同化（assimilation）和調適（accommodation）兩者之間的平衡，同化是個體以其現有的認知結構去吸收和解釋外界環境的刺激，調適是個體改變已有的認知結構以配合外界環境的情況。Piaget 認為遊戲是同化大於調適的不平衡狀態，遊戲可讓幼兒熟練並鞏固新形成的技巧和概念；如參照 Piaget 的認知理論概念，幼兒在遊戲區的遊戲可讓幼兒持續練習並鞏固團體活動和小組活動中新獲得的技巧和概念，並與原有認知結構中的其他技巧和概念相結合，而避免這些特定活動時間所形成的技巧和概念，隨著活動結束而很快流失。另一方面，如參照 Vygotsky（1978）遊戲創造最佳發展區的觀點，幼兒在遊戲區的遊戲可引導發展，即進一步增進幼兒在大團體和小組活動的學習經驗。

　　例如，幼兒園以「車子」為課程主題，可透過團體活動展示和討論各式各樣有關車子的物理材料和心智想法，進行有關車子的團體遊戲、歌唱、律動、車站或加油站的參訪，讓幼兒獲得有關車子的社會文化經驗，引發幼兒在遊戲角搭建積木車子、美勞創作各式車子、玩司機或交通警察扮演遊戲等的諸多想法；另一方面，可透過小組活動指導較複雜的遊戲，例如：練習使用剪刀、釘鎚、水彩或

漿糊畫等較複雜的美勞材料工具創作車子，或進行腳踏車齒輪的科學實驗；亦可透過小組活動引導幼兒延伸在遊戲角玩的心智想法，在各遊戲角分組製作和建構加油站、修車廠、洗車場、高速公路、捷運車站、交通號誌等有關車子的遊戲情景，如此即可轉換各遊戲角的運作，持續延伸和擴展遊戲的方向和情節；在日常作息方面，例如可配合課程主題安排特別的點心午餐內容或烹飪活動，或者調整日常作息的方式。

　　幼教老師在開始進行某個教學單元或主題時，常以所謂的單元討論或團體討論引起動機，其方式卻是以長時間的口頭說明或問答方式，或配合有關單元的掛圖、圖片、圖書或教具，告訴幼兒有關單元的知識或概念，希望因而引起幼兒對該單元主題的學習動機，然後就期待幼兒在遊戲角玩出有關該單元主題的成品，這樣的口頭說明或問答方式引出了以語言符號引起動機的問題；從建構論的觀點看，語言是同化於行動的基模，幼兒知道個別語言的單獨意義並不保證其瞭解語言之間的關係，瞭解語言關係需要將語言傳遞至實際的行動，換言之，行動應是先於語言；因此，在開始進行某個單元或主題時，不宜以一個冗長的語言教導開始，而是需要逐日提供或增添有關單元主題之具體的遊戲材料，並提出預測性、開放性的問題，引發幼兒的興趣和好奇心，接著即讓幼兒在遊戲中去操作、試驗和發現，學習的動機應是在遊戲過程中持續地引起和延續下去（黃瑞琴，1991b）。

　　綜合以上所述，幼兒遊戲經驗的計畫即需要連結課程主題與遊戲主題，透過遊戲角、團體活動、小組活動或日常作息的計畫，讓幼兒在遊戲中去試驗和發現課程主題，同時在遊戲過程中持續擴展學習的動機和經驗。課程主題可能擴展幼兒的遊戲內容和身心發展經驗，而不是用來統整教材內容，或提早教予幼兒很多有關主題的特定知識內容或技巧，無論主題是「春天來了」或「秋天到了」、是「交通工具」或「各行各業」，最主要的是讓幼兒透過課程主題與遊戲主題的連結與引發，指向幼兒課程最終的也是最基本的身心健全發展目標。

參、遊戲經驗的計畫方式

　　遊戲課程參照過程模式的課程發展程序，如第貳節所述，可運用課程目標計畫各遊戲區的學習方向，並安排可提供幼兒學習機會的遊戲區和遊戲材料，接著讓幼兒進行創造性的遊戲經驗，本節即進一步具體說明幼兒遊戲經驗計畫的可行方式。本節列舉有關單元教學、建構教學、主題的角落教學的遊戲經驗計畫實例，是參考性而非唯一可行的格式，每所幼兒園或每位教師在計畫幼兒的遊戲經驗時，可參照各自的教學情況或書寫習慣自行擬定適用的計畫格式，只是在基本的計畫取向上，需保持和容許遊戲經驗的自發性和多樣性。擬定遊戲經驗的書面計畫時，教師可參照課程主題的性質，運用本章第壹節所述之程序目標的形式，敘寫各個遊戲區需要準備的物理環境和材料工具（物理脈絡）、幼兒可能的心智想法（心智脈絡），以及有關社會文化情境的遊戲進行方向（社會文化脈絡）。另外，亦可選取與單元主題較直接有關的幾個遊戲區，以及與遊戲區較直接有關之大團體、小組，或日常作息活動，一併做重點式的計畫。

一、單元教學

　　以主題做為課程發展的核心，常見於幼兒園通行的單元教學。所謂教學單元是指教學的完整單位，以主題當作課程組織中心，提供學生有關某一主題的完整學習，然而傳統上教學單元的設計，都假定學生係在教師指導之下進行學習，這樣設計出來的教學單元，不同特質的學生若要自學，需提供較大的學習彈性，因此在教學單元中可分為基本活動和變通活動，基本活動為共通的學習，最低標準可藉以獲得保障，變通活動則為分殊的學習，讓個人特殊需求可得到滿足（黃政傑，1991：479）。參照這種單元教學的彈性方式，幼兒園以單元主題擬定每週和每日的活動計畫時，主要由教師引導的團體活動和小組活動，可視為單元的基本活動，是屬於幼兒共通的學習，幼兒可從團體或小組活動中獲得新的經驗，以充

實其遊戲題材和內容。至於在各個遊戲角的自發遊戲，則可視為單元的變通活動，是因應個別幼兒之興趣、經驗、能力和學習方式的分殊學習，幼兒可在遊戲過程中同化和鞏固來自團體和小組活動的經驗。遊戲活動既為單元的分殊學習，則單元主題的變換，應是用來觸發和擴展幼兒的遊戲主題和內容，而不是用來規範或界定遊戲經驗。如同本書第三章第壹節「遊戲遇見幼兒課程目標」所述，單元教學常是教師於教學前依課程目標決定單元目標，預先設計好教案再實施教學，實施單元教學的幼教老師，如能在教室提供開放的遊戲空間（遊戲角或學習區）和時間，讓幼兒依自我興趣選擇，教師自身亦跳脫單元目標的限定，採取過程目標的過程觀點，接納隨機浮現於幼兒遊戲中之創新性目標，即可彌補一般單元教學忽略幼兒學習興趣及個別差異之不足處。

以下以一般幼兒園常見的單元主題「美麗的顏色」為例，敘寫連續兩週的遊戲角計畫（參見表 8-2、表 8-3「每週遊戲角計畫」），做為遊戲經驗計畫的實例。臺灣省政府教育廳（1991）編印之《幼兒學習活動設計參考資料》，是以單元設計幼兒的學習活動，其中用於小班上學期的一冊內，有一單元主題即是「美麗的顏色」，其訂定的單元目標是：認識常見的顏色、增進對顏色的欣賞能力、學習創造設計及使用各種材料的能力，以及養成互助合作的習慣。這些單元目標係指預期學生經過某單元的學習後，可能的行為改變或學習結果；其學習結果可以預定，但不限定何種行為改變（黃政傑，1991：475；歐用生，1986：274）。然而，學習結果不加以限定也無法預定之遊戲活動，則宜改用過程目標的形式，重點式列舉各個遊戲角與單元主題有關的可能活動方向或材料。

表 8-2、8-3 的遊戲角計畫中，列舉出與主題（美麗的顏色）有關的可能活動方向或材料，是著重於幼兒在遊戲中對於顏色的觀察、欣賞、操作、混合、預測、試驗、驚奇、創作、扮演和舞動等過程，從中獲得有關身體動作、社會情緒、認知思考和創造表達的發展經驗，至於評量的方式，是教師在幼兒遊戲過程中觀察、記錄和瞭解幼兒的發展情形（參見第九章「遊戲中的幼兒評量」）。計畫表包括一週五天（五個上午）的遊戲角發展方向，按日列出讓幼兒選擇和遊玩的新材料，亦可酌情繼續保留前幾日或前週的遊戲材料，讓幼兒重溫或延伸舊有的遊戲經驗

表8-2　每週遊戲角計畫（第一週）

主題：美麗的顏色　　　　　　　班別：中班　　　　　時間：4月13日～4月18日

角／星期	一	二	三	四	五
積木	•彩色海綿積木和木頭積木混合建構 ⋯⋯⋯⋯⋯⋯⋯⋯⋯ 　　　•各色玩具小汽車在大、小木板上行走 ⋯⋯⋯⋯⋯				
操作	•拼接組合顏色拼板 •在釘板上組合各色橡皮圈 ⋯⋯⋯⋯⋯⋯⋯⋯⋯⋯⋯				
語文	•觀賞圖畫書上的顏色 ⋯⋯⋯⋯⋯⋯⋯⋯⋯⋯⋯⋯⋯⋯⋯ 　　　　　•用色紙自製成彩色的書 ⋯⋯⋯⋯⋯⋯				
扮演	•換穿不同顏色的衣服，做角色扮演⋯⋯⋯				
繪畫	•用三原色（紅、黃、藍）調色畫圖，發現什麼不同的顏色？ ⋯⋯⋯⋯⋯⋯⋯⋯⋯⋯⋯⋯⋯⋯⋯⋯⋯⋯⋯⋯⋯⋯⋯⋯ 　　•老師帶領小組活動，玩彩色漿糊畫 　　（第一組、第二組、第三組、第四組）				
勞作	•自由試驗三原色的玻璃紙可以怎麼玩 ⋯⋯⋯⋯⋯⋯⋯⋯				
泥工	•揉捏、操作三原色的麵糰 ⋯⋯⋯⋯⋯⋯⋯⋯⋯⋯⋯⋯⋯				
益智	•顏色卡的分類、配對或排成序列 ⋯⋯⋯⋯⋯⋯⋯⋯⋯⋯				
科學	•觀看萬花筒的顏色變化 ⋯⋯⋯⋯⋯⋯⋯⋯ •觀看水族箱裡不同顏色的魚 ⋯⋯⋯⋯⋯⋯⋯⋯⋯⋯⋯				
音樂	•配合音樂帶，舞動一束「皺紋紙彩帶」⋯⋯⋯⋯⋯⋯⋯				
玩沙	•沙裡撒進彩色亮片，玩起來有什麼 　　　　　不一樣？				

註：表中的符號「⋯⋯」表示該項遊戲逐日延續。

（表8-2、表8-3的符號「⋯⋯」，表示該項遊戲逐日延續）。另外，如果一個班上有兩位教師（或成人），可安排小組活動和自由遊戲時間並行，由一位教師巡迴輔導幼兒遊戲，而由另一位教師（或其他成人）每天輪流帶領一組幼兒做小組活動，在一週之內，以四天輪流帶完一班四組幼兒（參見表 8-2「每週遊戲角計畫」），接著再將小組活動玩過的這些遊戲材料或工具，按其性質陸續放置在各個遊戲角中，讓幼兒繼續玩。

表8-3 每週遊戲角計畫（第二週）

主題：美麗的顏色　　　　　班別：中班　　　　時間：4 月 20 日～4 月 25 日

角／星期	一	二	三	四	五
積木	•彩色海綿積木和木頭積木混合建構 ⋯⋯⋯⋯⋯⋯⋯⋯⋯⋯⋯⋯⋯⋯⋯				
	•各色玩具小汽車在大、小木板上行走 ⋯⋯⋯⋯⋯⋯⋯⋯⋯⋯⋯⋯⋯				
操作	•拼接組合顏色拼板 ⋯⋯⋯⋯⋯⋯⋯⋯⋯⋯⋯⋯⋯⋯⋯⋯⋯⋯⋯⋯⋯				
	•在釘板上組合各色橡皮圈 ⋯⋯⋯⋯⋯⋯⋯⋯⋯⋯⋯⋯⋯⋯⋯⋯⋯⋯				
語文	•觀賞圖畫書上的顏色 ⋯⋯⋯⋯⋯⋯⋯⋯⋯⋯⋯⋯⋯⋯⋯⋯⋯⋯⋯⋯				
	•用色紙自製成彩色的書 ⋯⋯⋯⋯⋯⋯⋯⋯⋯⋯⋯⋯⋯⋯⋯⋯⋯⋯⋯				
扮演	•換穿不同顏色的衣服，做角色扮演 ⋯⋯⋯⋯⋯⋯⋯⋯⋯⋯⋯⋯⋯⋯				
繪畫	•用三原色（紅、黃、藍）調色畫圖，發現什麼不同的顏色？ ⋯⋯⋯				
	•自行調色，玩彩色漿糊畫 ⋯⋯⋯⋯⋯⋯⋯⋯⋯⋯⋯⋯⋯⋯⋯⋯⋯⋯				
	•用滾筒沾各色顏料，在長長的電腦報表紙上來回滾動 ⋯⋯⋯⋯⋯				
	•在盤子裡的白色棉紙上，滾動沾了顏料的彈珠 ⋯⋯⋯⋯⋯⋯⋯⋯⋯				
	•在戶外牆上的大張白報紙上，用彩色蠟筆合作畫大壁畫 ⋯⋯⋯⋯⋯				
勞作	•用玻璃紙或其他材料設計電視 ⋯⋯⋯⋯⋯⋯⋯⋯⋯⋯⋯⋯⋯⋯⋯⋯				
泥工	•揉捏、操作三原色的麵糰 ⋯⋯⋯⋯⋯⋯⋯⋯⋯⋯⋯⋯⋯⋯⋯⋯⋯⋯				
	•看麵糰的製作圖，自己調製彩色麵糰 ⋯⋯⋯⋯⋯⋯⋯⋯⋯⋯⋯⋯⋯				
益智	•顏色卡的分類、配對或排成序列 ⋯⋯⋯⋯⋯⋯⋯⋯⋯⋯⋯⋯⋯⋯⋯				
科學	•觀看萬花筒的顏色變化 ⋯⋯⋯⋯⋯⋯⋯⋯⋯⋯⋯⋯⋯⋯⋯⋯⋯⋯⋯				
	•觀看水族箱裡不同顏色的魚 ⋯⋯⋯⋯⋯⋯⋯⋯⋯⋯⋯⋯⋯⋯⋯⋯⋯				
音樂	•配合音樂，舞動一束「皺紋紙彩帶」 ⋯⋯⋯⋯⋯⋯⋯⋯⋯⋯⋯⋯⋯				
玩沙	•沙裡有彩色亮片，再加上彩色彈珠，玩起來有什麼不一樣？ ⋯⋯⋯				
烹飪	•用各色水果和蔬菜，做成彩色沙拉 ⋯⋯⋯⋯⋯⋯⋯⋯⋯⋯⋯⋯⋯⋯				

　　表 8-2、表 8-3 的遊戲角計畫中，第一週教師發現幼兒將勞作角的玻璃紙貼在挖洞的紙箱上，說「這是彩色電視」，第二週老師接著就在勞作角增添幾個大紙箱；第一週老師分組指導過的漿糊畫材料，接著第二週即放在繪畫角，讓幼兒自由選用。此外，在第二週，繪畫角還增添滾筒和彈珠，並讓幼兒在鄰近繪畫角的戶外庭院牆上做壁畫；另外還增設一個烹飪角，由一位老師輔導，讓幼兒自由選擇參與；其他則繼續延伸上週的遊戲材料和遊戲情節。

二、建構教學

在理論上，遊戲取向的幼兒課程主要根源於建構論的發展與學習觀點（參見第四章第肆節「遊戲課程實施的發展取向」），接著即舉例說明採行建構論觀點的幼兒中心，如何計畫幼兒遊戲方向的方式。筆者在美國奧瑞崗（Oregon）大學就學時在這所幼兒中心實習，幼兒中心主張幼兒是知識的建構者，幼兒主動解釋和建構他們周遭的物質世界和社會世界，教師的角色是提供能鼓勵幼兒問問題、自我引導、試驗、問題解決和社會互動的情境，這些情境宜是來自於幼兒自己的思考過程；課程焦點包含：問題解決和創造的思考、物理世界的探索、概念的能力和數學的關係、口語和書寫的溝通、社會的能力、自我知覺，以及藝術的創造表達，這些課程焦點即是幼兒中心的長程性一般目標。幼兒中心的課程計畫即著重於提供開放性、可轉換的材料和活動，以鼓勵幼兒解釋和建構他們周遭的物質世界和社會世界，幼兒可提出許多不同的想法和假設來測試實驗。

幼兒中心採半日制，幼兒每週一至週四上午到中心，幼兒年齡是三歲至五歲，混齡合班。幼兒在上午 9：00 至 9：20 之間陸續來中心，9：20 至 9：40 是團體討論時間，教師呈現當日的新材料，讓幼兒共同計畫和討論當日的活動選擇；接著 9：40 至 10：50 是自由遊戲時間，遊戲區包括：戲劇、沙箱、積木、圖書、文字、玩具、動物、科學、黏土、繪畫和美術創作，在這段遊戲期間，幼兒可自行到點心桌取用點心。遊戲結束、收拾之後，接著是戶外活動時間，然後再回到室內進行團體的表達藝術活動。

幼兒中心運用的每週遊戲時段的計畫，是從幼兒的觀點敘寫有關該週主題的遊戲區活動方向，這樣的書面計畫即足以讓幼兒中心的教師和實習教師們參照運用，並參照幼兒中心的課程目標和課程焦點，從旁觀察輔導幼兒遊戲的進行，適時給予材料或語言的支持，或適時參與遊戲之中。遊戲時間的書面計畫是列舉每週的課程焦點，從幼兒的觀點、以幼兒詢問他們自己的問題的假設語句（"What if……"，假如……、如果……，會怎麼樣？）重點式敘寫遊戲的可能方向，這些形

成教學計畫的假設問題，著重於提示問題探索和遊戲進行的方向，同時也提示需先準備的材料、環境布置的輪廓，或幼兒可能的反應和需要，亦即是前述之過程取向的目標。例如，以下引述之連續六週的每週課程計畫實例，主要是以「我能怎樣使它移動？」（How can I make it move?）為焦點，鼓勵幼兒預測和試驗物體的移動，這六週的課程計畫顯示著幼兒的遊戲方向，也顯示著逐週或逐日添加或變換的材料，有時幼兒的興趣和建議亦可能改變或修訂計畫的方向（如：戲劇角的動物醫院、釣魚湖和動物海灣）：

1. 第一週（參見表 8-4）：首先在新學年開學之初，課程計畫著重於促進幼兒社會互動和合作的活動，以幫助幼兒彼此認識和在新環境中覺得舒服，其他活動則是由上週幼兒自發的活動所引發。

2. 第二週（參見表 8-5）：上週有些幼兒自發地將材料創造性地組合，促使老師開始計畫課程的焦點：「你如何使它移動？」幼兒將有機會使用各種

表8-4　第一週課程計畫（10月5日～10月8日）

焦點	星期一	星期二	星期三	星期四
彼此認識	假如我在透明的樹脂玻璃上做手指畫，一位朋友在玻璃的另一邊觀看？		假如我們一起分享一大糰黏土？	
	假如我們將浮石和水混合在一起？			
	假如在我們的太空船上懸掛星星和行星？………………			
	假如我們使用一個滑輪和一個帶輪的櫃子運沙？………………			
	假如我們為我們的朋友和動物做名牌？		假如我們寫太空船的書？	
			假如我們在樹脂玻璃上畫畫時，透過玻璃的洞口彼此交談？	
表達的藝術	演出飛向月亮：月亮晚安	演出善待動物：和我玩	知道他人：它是難的？是容易的？	讀故事書：野東西在哪裡？

註：表中的符號「……」表示該項遊戲逐日延續。

表8-5　第二週課程計畫（10月12日～10月15日）

焦點	星期一	星期二	星期三	星期四
你如何使它移動？	假如我用長的和短的木板做成斜坡，滾下不同的東西？			
	假如我剪、剪、剪所有不同種類的紙，和使用閃爍的亮片？		假如我們將不同的材料混合在一起，做成圍塊？	
	假如我設計我自己的彈珠迷宮？			
	假如我們在房間四周做標誌？ ……………………………			
	假如我們在沙箱加上斜坡和水？ ……………………………			
	假如我們用普通的畫筆在普通的畫架上畫畫？			
戲劇角	動物醫院 …………………………………………………………			
表達的藝術	假如我們決定在動物醫院添加什麼材料？	假如我們為彼此演出一個偶劇？	假如我們一起讀故事書：我不能等？	假如我們一起寫一個故事？

表8-6　第三週課程計畫（10月19日～10月22日）

焦點	星期一	星期二	星期三	星期四
你如何使它移動？	假如我傾倒有顏色的肥皂水？		假如我在圖書角做我自己的書，並且繼續在書上添加內容？	
	假如我在沙箱做道路和斜坡，並用車子在上面行走？		假如我們在沙箱做動物的房子？	
戲劇角	動物醫院 …………………………………………………………			
表達的藝術	分享真正的小貓	演故事	看故事書	讀故事書

材料，彈珠、沙和水試驗傾斜面，戲劇角則是源自於幼兒關切一隻迷路的貓和照顧教室裡的小鼠。

3. 第三週（參見表8-6）：接著的課程計畫延伸上週的斜面和斜道試驗，例如在沙箱試驗斜道和輪子，幼兒繼續練習照顧他們破損的動物玩偶，並觀看一位幼兒從家裡帶來的真正的小貓。

4. 第四週（參見表8-7）：配合萬聖節計畫活動，並延續上週的遊戲。

表8-7 第四週課程計畫（10月26日～10月29日）

焦點	星期一	星期二	星期三	星期四
你如何使它移動？	假如我在濕的沙箱裡添加更多種子？ ……………………………			
	假如我追蹤著手電筒移動的光？			
	假如我們玩泡沫 ……………………………………………………			
萬聖節		到南瓜田郊遊	假如我們在一個真的南瓜上黏貼？	假如我們在沙箱做一個南瓜田？
			畫臉	遊行和爆玉米花慶祝
戲劇角	清潔服務 ……………………………………………………………			
表達的藝術	演出：野東西在哪裡？	南瓜田的預測驗證	看小雞	萬聖節的驚奇故事

5. 第五週（參見表 8-8）：繼續上週的斜面試驗，增加更多的變化，例如將斜面結合成一條連續的道路和多重方向的迷宮。

6. 第六週（參見表 8-9）：接著一週的戲劇角主題來自於幼兒的建議，他們決定在釣魚湖添加虎和豹的玩偶，並繼續試驗物體的移動，另外有配合感恩節的活動。

連續六週的每週課程計畫，顯示著幼兒的遊戲方向，也顯示著逐週或逐日添加或變換的材料，有時幼兒的興趣和建議亦可能改變或修訂計畫的方向（如：戲劇角的動物醫院、釣魚湖和動物海灣）。

表8-8　第五週課程計畫（11月9日～11月11日）

焦點	星期一	星期二	星期三	星期四
你如何使它移動？	假如我用斜坡在沙箱建一個彈珠迷宮？			（家長會） （幼兒放假）
	假如我玩一個有磁性的迷宮？‥‥‥‥‥‥			
	假如我用管子組合一個直立的迷宮？			
	假如我做一本書？‥‥‥‥‥‥‥‥‥‥‥			
	假如我將紙放在水裡？	假如我用膠帶在地板貼道路？		
戲劇角	飛機／飛機場‥‥‥‥‥‥‥‥‥‥‥‥‥‥‥‥‥‥‥‥‥‥			
表達的藝術	讀故事書	一個星期一的早上：預測	演出：如果有兩個我？	

表8-9　第六週課程計畫（11月23日～11月25日）

焦點	星期一	星期二	星期三	星期四
你如何使它移動？	黏貼管子	假如我將一個著上顏料的球投某個標的？	分享書的日子	（感恩節放假）
			假如我們每個人帶一個蘋果，一起做感恩節的果汁？	
	假如我們製作演戲的服裝？			
	假如我用管子運送沙？			
戲劇角	釣魚湖和動物海灣‥‥‥‥‥‥‥‥‥‥‥‥‥‥‥‥			
表達的藝術	團體口述：我是感激的	演出我們寫的一齣戲	分享食物	

三、主題的角落教學

　　一般而言，較有經驗的幼教老師可參照如上述簡扼的每週書面計畫，並較多運用未書寫之反省思考的心智計畫，在現場引導和充實幼兒的遊戲經驗。至於一般教師可按日摘要記錄幼兒在各個遊戲角玩的情形，並接著書寫教師的準備計畫，做為隨時因應和引導幼兒遊戲的備忘錄，持續形成幼兒遊戲經驗的計畫和紀錄。

　　以下引述以「變化」為教學主題之角落教學的活動流程（引自劉玉燕，1995），舉例說明教師可如何持續形成幼兒遊戲經驗的計畫和記錄。此活動流程原來並不是角落教學的預先計畫，而是將一個月實際進行此主題時教師寫的教學日誌和觀察記錄，事後整理出每天各遊戲角發展的遊戲內容、教師與孩子的討論內容、團體活動的內容，以及教師的準備內容。對於一般幼兒園教師而言，較為具體可行的角落教學方式是參照此順著幼兒興趣走的原則，逐日寫出各遊戲角的紀錄和準備計畫。以「變化」為教學主題之角落教學的活動流程，原來逐日列舉了十二天之裝扮角、玩具角、美術角、創作角、圖書角、大積木角、縫工角、陶土角、益智角、科學角、討論、團體活動和評量的活動內容，以下表 8-10「遊戲經驗的計畫與記錄」乃節錄其中六天之三個遊戲角（裝扮角、美術角、科學角）上午幼兒發展的遊戲內容，以及下午老師準備接著的遊戲材料事項，並且列出每天教師與孩子的討論內容和團體活動，藉以舉例呈現教師的準備內容以及團體或分組活動如何隨著配合幼兒在遊戲角玩的內容。

　　表 8-10「遊戲經驗的計畫與紀錄」中，幼兒在裝扮角玩的內容，隨著教師準備的材料，以及團體分組製作髮型書和討論裝扮角可以變成什麼，由美容院變化為開餐廳的遊戲；幼兒在美術角玩的內容，隨著教師增添的材料以及團體活動時將美術角變成聖誕老人家，由畫迷宮、吹畫、製作卡片、拓印樹葉，延伸變化為聖誕老公公送禮物的活動；幼兒在科學角玩的內容，亦隨著材料的增添以及團體討論引發的心智想法和科學實驗活動，延伸為各種有變化性的科學實驗遊戲。就前一節所述遊戲主題的脈絡而言，教師隨時增添的材料即形成物理脈絡，教師引

表8-10　遊戲經驗的計畫與紀錄

		裝扮角	美術角	科學角	討論	團體活動
第一天	上午遊戲	互相洗頭髮			•從出生到現在（大班）有何變化？	•科學實驗：線軸子的轉動及變化（線軸子＋原子筆＋橡皮筋）
	下午準備	準備一把吹髮的罩子		放入線軸及一大塊木板		
第二天	上午遊戲	洗頭、吹頭、收錢、利用桌子積木製作一個沖洗頭的檯子	畫迷宮、恐龍	線軸溜滑梯	•放在手上和地板上的玻璃紙魚有何不同變化？為什麼？•創作角可以怎麼變化？	•科學實驗：玻璃紙魚•布置創作角為百貨公司•布置玩具角的海盜船（床）
	下午準備	洗燙髮捲、棉紙、毛巾、大鏡子	吸管、彈珠	數張玻璃紙魚		
第三天	上午遊戲	美容院的客人陸續增加，開始有各種髮型名稱及價錢出現，大人100元、小孩10元	吹畫（圖畫紙必須要到創作角的百貨公司購買）	實驗握拳加熱玻璃紙魚會捲起來	•人到老了會有何變化？除人之外，還有什麼會變化？	•布置裝扮角的美容院門面，部分小孩畫髮型（合訂成一本髮型書）•布置創作角的百貨公司門面
	下午準備	熱水瓶、茶杯	書面紙裁好的卡片			

表 8-10 　遊戲經驗的計畫與紀錄（續）

		裝扮角	美術角	科學角	討論	團體活動
第四天	上午遊戲	拿髮型書問客人要做哪種髮型，為客人倒水。老師做了一個捲捲頭	吹畫、製作立體卡片		• 為什麼有時穿短袖，有時穿長袖？ • 桌子可以有什麼變化？	• 創作角的桌子變化成一老鼠的家 • 美術角變成聖誕老人家
	下午準備		聖誕老人衣服、星星、各種形狀白色紙	鏡子、鉛筆（迷宮圖）		
第五天	上午遊戲	老闆除了洗頭，也愈來愈有禮貌，會說「歡迎光臨」	小孩扮成聖誕老人到各處走動	看鏡子、走迷宮	• 水管除了接水以外，還可以有什麼變化？ • 乒乓球是什麼？曾在哪看過？可以怎麼玩？	• 裝扮角放鍋、刀、砧板等，可以變成什麼？ • 拆除原裝扮角的美容院 • 預告玩具角放體能器材
	下午準備	電磁爐、蔥、麵粉、鹽、油	樹葉、顏料	乒乓球、墊板		
第六天	上午遊戲	佳佳餐廳三位廚師煎蔥油餅，一位切蔥，一位負責煎，一位揉麵	聖誕老人到處送禮物、拓印樹葉、製作日曆	乒乓球、溜滑梯、看鏡子走迷宮	• 膠帶圈可以有什麼變化？ • 塑膠棒可以做什麼？加上綠色紙又可變成什麼？	• 製作聖誕樹 • 一組設計門口的變化 • 膠帶圈的變化
	下午準備	蛋		放大鏡、墊板		

資料來源：引自劉玉燕（1995）

導幼兒討論分享在角落玩的經驗，試想如何進一步玩或有不同的玩法，即可能形成有關各種玩法的心智脈絡，教師透過討論和團體活動引導幼兒轉換布置遊戲角的情境，即可能形成各種裝扮扮演、美術創作和科學實驗的社會文化脈絡。教師因應課程主題所要做的心智計畫或書面計畫，即是隨著觀察幼兒在遊戲角玩出的內容紀錄，隨時計畫要增添或轉換的遊戲材料、計畫與幼兒討論的遊戲方向、計畫如何引導幼兒延伸與擴展遊戲想法的團體或分組活動，因而連結起遊戲主題與課程主題，讓課程主題擴展了遊戲主題的發展方向，同時遊戲主題也充實了課程主題的學習內涵。

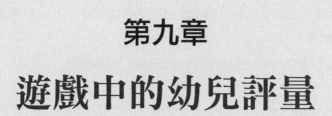

第九章
遊戲中的幼兒評量

參照第三章第肆節所論遊戲遇見幼兒課程評量的情景，透過遊戲情境進行遊戲為本的評量（play-based assessment）是一種替代性的非正式評量，可替代正式的標準化測驗，與課程目標和幼兒發展結合；幼兒園教師宜採用過程取向的評量觀點，充分理解有關幼兒發展的一般性課程目標，據以安排遊戲環境、提供遊戲材料，預期幼兒可能產生各式各樣的遊戲行為，教師觀察並敘述幼兒遊戲行為呈現的各種學習表現，這些遊戲行為不受限於教師預訂的目標，而是因應個別幼兒可能彈性變動的遊戲目標，關注幼兒在遊戲過程中的偶發經驗和全面學習。本章即按此過程性的評量取向，闡述如何在幼兒遊戲過程中評量幼兒的學習表現與進展。

壹、幼兒評量的原則

幼兒課程評量的目的和原則，參照美國「全國幼兒教育協會」（National Association for the Education of Young Children）和「全國州教育局幼兒專家協會」（National Association of Early Childhood Specialists in State Departments of Education），共同發表有關三歲至八歲幼兒課程內容和評量的指引（NAEYC and NAECS/SDE, 1991），其中列舉了幼兒評量的目的和原則。幼兒評量的目的主要是：

1. 提供有關每位幼兒發展與學習的資料，用來計畫教學和與家長溝通。
2. 用來辦認可能需要特別輔導的幼兒。

3. 瞭解每位幼兒與課程目標有關的發展現況和進展，用來評鑑課程是否符合其目標。

至於幼兒評量的原則，則可歸納為下列項目和要點：

一、評量的內容

1. 評量要與課程目標有關和一致。
2. 評量要顯示每位幼兒各方面的發展和學習。
3. 評量要能反映教室進行中的生活、典型的活動、幼兒日常的發展經驗和自然的學習過程。
4. 評量認可學習者的個別差異，容許個人學習方式和學習速率的不同。
5. 評量顯示幼兒的進展方向，呈現幼兒能獨立做什麼，以及在被幫助之下能做什麼，而不只是呈現幼兒不能做什麼。

二、評量資料的蒐集記錄

1. 評量要日常隨時隨地非正式地持續進行，經常和定時地在各種不同的情境觀察記錄幼兒的行為。
2. 有系統地蒐集和記錄每位幼兒發展和學習的資料，例如教師描述幼兒進展行為的系統觀察紀錄、教師與幼兒談話和訪談的紀錄、蒐集幼兒的代表性作品（如：藝術作品、幼兒寫的故事、幼兒唸讀的錄音）。
3. 評量是教師、家長、幼兒的合作過程，由教師、家長、幼兒共同參與評量，家長提供幼兒在家經驗的資料，並鼓勵幼兒參與自我的評量。

三、評量資料的運用參考

1. 評量所獲得的資料用來做課程的計畫或調整，並增進個別幼兒的個別化教學和輔導，藉以支持幼兒的發展和學習。

2. 教師定期和家長溝通分享評量所獲得有關幼兒發展和學習的資料。

3. 評量支持家長與其孩子的關係，不破壞家長對自己及對其孩子能力的信心，也不貶損家庭的語言和文化。

4. 以家長能瞭解的敘述式語言，提供家長較有實質意義的描述性資料，而不只是呈現數字的等級差別。

參照上述幼兒評量的目的，幼兒園教師在幼兒遊戲中進行評量的意義，並非像學術性的遊戲研究者著重於探究遊戲行為本身的層次或性質，而主要是想透過每位幼兒在遊戲區的遊戲過程，運用如上述幼兒評量的原則與方式，看見和瞭解遊戲中顯示之幼兒發展與學習的訊息，藉以做為計畫和調整課程、個別化教學和輔導，以及與家長溝通分享幼兒成長和發展的參照資料。

貳、遊戲評量資料的蒐集記錄

遊戲中評量的方式為非正式的評量，非正式評量的蒐集資料方式，主要是系統化的觀察幼兒、提問以引發幼兒回應、蒐集教室活動中的作品、從家長處獲得資料；非正式評量之記錄資料的基本形式則可分為描述法（如：軼事記錄、隨手短記、圖表、照片、錄音、錄影）、計次法（如：檢核表）和評定等級法（如評定量表）（廖鳳瑞等人譯，2016：4-7、5-2）。在幼兒遊戲的情境中，教師即可選用描述性的軼事記錄和評定量表等方式，系統化觀察記錄幼兒自發的遊戲行為，適時提問或與幼兒對話討論，從幼兒的回應中探究幼兒的想法、感覺和思考過程；選擇能呈現幼兒學習或遊戲進展的代表作品，或讓幼兒參與自我評量，選擇自己喜歡或覺得滿意的作品，藉以瞭解幼兒對自己作品的想法；另外亦可讓家長參與評量，經由日常與家長的談話或聯絡簿，請家長提供孩子日常在家的遊戲情形。

在幼兒遊戲過程中，教師的工作主要是觀察遊戲、給予語言和材料的支持，以及參與遊戲（參見第七章第參節「教師的工作」），避免只忙於拍照或書寫評量記錄，而忽略了適時與幼兒互動或介入輔導。如何一方面觀察幼兒遊戲並適時

與幼兒互動，一方面兼顧評量資料的蒐集與記錄，需考量遊戲過程中教師與幼兒不同的互動狀況（廖鳳瑞等人譯，2016：5-29）：教師觀察幼兒遊戲，尚未與幼兒互動時，可較為專注地做描述記錄、做軼事記錄；幼兒遊戲時，教師從旁給予語言或材料的支持時，是間歇性互動狀況，較容易使用隨手短記、圖示、拍照、評定量表的方式；教師參與幼兒遊戲時，是在與幼兒持續互動狀況，較容易使用檢核表、錄音、錄影、作品蒐集的方式；接著在遊戲和教學以外的時間，則可做事後的軼事記錄、書寫教師日誌，或將資料輸入電腦。

在幼兒園裡，上述遊戲中評量的軼事記錄、照片、幼兒作品和評量表等資料，可與幼兒的其他資料（如：幼兒基本資料表、健康紀錄、家長會談紀錄、家庭訪問紀錄、幼兒的代表性作品，和幼兒的活動照片等），一起存放在每位幼兒的個別資料檔案中。當教師與家長個別會談時，遊戲中評量的資料可提供家長有關「玩能學些什麼」的具體事例，並參照檔案中的其他資料，讓家長完整瞭解幼兒的發展和學習情形，因而對於幼兒遊戲的意義產生新的覺知。

參照前述幼兒評量的原則，其中強調描述幼兒進展行為的系統觀察記錄，並強調提供家長較有實質意義的描述性資料，尤其考量遊戲的特質和脈絡，描述的記錄方能真實展現幼兒遊戲中的學習過程和細節。對於日常教保事務繁瑣、書寫時間和心力較為有限的幼兒園教師而言，簡短和客觀地描述幼兒行為事件的軼事記錄，是較為可行的描述記錄方法。再者，一般幼兒園常採用評定等級的評量表，於學期初、學期中、學期末進行幼兒的評量記錄，教師如能於平日蒐集幼兒遊戲的軼事記錄，即可做為定期記錄評量表的參照資料，尤其當提供家長參閱的幼兒評量表時，亦可於評量表的項目旁放置代表幼兒相關學習進展的遊戲軼事記錄，做為評量項目的佐證實例，藉以協助家長更具體瞭解評量項目的實質意義。本節以下即透過修訂自筆者學生（職前和在職幼教老師）的評量練習作業，舉例說明蒐集記錄幼兒遊戲軼事記錄和評量表之可參考運用的方式。

一、描述幼兒遊戲的軼事記錄

軼事記錄適用於記錄自發的行為和非預期的事件，可呈現現場發生的具體事例，是經常被教師使用的非正式的、開放式的觀察記錄法，能幫助教師瞭解一位幼兒在特定情境的具體行為，並持續比較一位幼兒的行為改變（Bentzen, 2005: 83-84）。教師運用軼事記錄幼兒遊戲行為，可在每天的遊戲時間輪流選擇二或三位幼兒為觀察記錄的焦點，安排每一個月內全班每位幼兒都留存有遊戲評量的幾則軼事記錄，接著按月持續進行如此輪流觀察記錄的方式，逐漸累積每位幼兒更完整的遊戲軼事記錄。

（一）軼事記錄的內容

軼事記錄並非記錄幼兒在現場發生的每個行為或事件，而是由教師參照平日觀察個別幼兒的行為狀況，判斷和選擇個別幼兒的某些值得注意的行為，這些值得注意的行為可能是：

1. 幼兒經常呈現的一般行為模式，例如：搶玩具、扮演媽媽、用積木搭建太空船。
2. 幼兒平日不常出現的特殊行為，例如：經常獨自玩的幼兒，主動進入娃娃家參與團體的扮演遊戲。
3. 幼兒家長常提起的困擾行為，例如：打人、不跟別人玩。
4. 發展上明顯進展的行為，例如：常分心的幼兒能較專注於某個活動、常獨占玩具的幼兒能和別人輪流玩玩具。
5. 發展上的特殊問題，例如：手指不能協調運用、經常發脾氣而亂摔玩具。

軼事記錄的目的在於瞭解幼兒的行為和其產生的情境，而不是記錄一個孤立的行為，記錄的內容可從五個「W」的角度描述事實，這五個「W」是：

1. 誰（who）：所觀察的遊戲者、行為者。
2. 和誰（whom）：和誰產生行為或語言的互動。

3. 何時（when）：日期或哪一個時段。

4. 何地（where）：在什麼地方或哪一個遊戲角。

5. 什麼（what）：動作、表情、姿勢、做什麼事、說什麼話，或使用什麼材料。

有時如幼兒自己說出其行為的原因，軼事記錄也可能描述為什麼（why），如幼兒自己並未說出其行為的原因，教師則可將推測的可能原因寫在紀錄之外的註解。記錄的文字要描述事實，避免使用籠統的形容詞或副詞，以下是以五個「W」（其記錄文字分別以底線標示）分析一個軼事記錄的例子：

1/10，遊戲角活動時（when），亞元（who）、宗翰和伶立（whom）在娃娃角（where），伶立過來叫亞元和宗翰上船（一個紙箱做成的），亞元拉著頭上的絲巾說：「宗翰，我假裝是新娘，我們去度蜜月旅行。」亞元和宗翰一起拉著手進入紙箱船，伶立大聲說：「開船！」宗翰笑著用兩手做出划船的動作，亞元再加重語氣告訴宗翰：「你要當新郎喔！」三個人一起做划船的動作（what）。

（二）軼事記錄的方式

教師在幼兒遊戲過程中需適時介入輔導，在現場記錄的時間常很匆促，因此在現場記錄的方式宜是彈性和機動性的，一方面避免忽略了介入輔導遊戲的時機，一方面亦避免錯失了值得注意的發展記錄。教師可預先將一疊一疊小張的便條紙（或自黏性便利貼紙）和筆放在教室四周可隨手取拿的位置，或是將一小疊便條紙和一枝筆放在衣服的口袋裡隨身攜帶，在幼兒遊戲過程中觀察到某個需注意的行為，即先在現場用一張便條紙寫下行為的重點或關鍵字，如前述的軼事記錄實例，在現場記下的行為重點或關鍵字可能是：

> 1/10，娃娃角，紙箱船，亞元拉絲
> 巾：「宗翰，我假裝是新娘，我們去
> 蜜月旅行。」拉手上船。
> 伶立：「開船！」
> 亞元→宗翰：「你要當新郎喔！」
> 三人划船。

　　接著，當日課後再立即參照現場記下的行為重點，用另一張便條紙仔細敘寫行為和情境，如上述的現場筆記，再仔細敘寫在另一張便條紙上的形式則成為：

> 1/10，遊戲角活動時，亞元、宗翰和
> 伶立在娃娃角，伶立過來叫亞元和宗
> 翰上船（一個紙箱做成的），亞元拉
> 著頭上的絲巾說：「宗翰，我假裝是
> 新娘，我們去蜜月旅行。」亞元和宗
> 翰一起拉著手進入紙箱船，伶立大聲
> 說：「開船！」宗翰笑著用兩手做出
> 划船的動作，亞元再加重語氣告訴宗
> 翰：「你要當新郎喔！」三個人一起
> 做划船的動作。

　　教師如覺察同一張軼事記錄的內容同時呈現兩位（或多位）幼兒值得注意的行為，則可重抄成兩張（或多張）記錄，並用紅筆分別標示出這兩位（或多位）幼兒的名字，以便於隨後的辨識。如上述的軼事記錄內容同時涉及三位幼兒，則另外重抄兩張紀錄，合計為下列三張紀錄，並分別將三位標的幼兒的名字加框標示（亞元、宗翰、伶立），分別做為三位幼兒的評量資料。

1/10，遊戲角活動時，亞元、宗翰和伶立在娃娃角，伶立過來叫亞元和宗翰上船（一個紙箱做成的），亞元拉著頭上的絲巾說：「宗翰，我假裝是新娘，我們去蜜月旅行。」亞元和宗翰一起拉著手進入紙箱船，伶立大聲說：「開船！」宗翰笑著用兩手做出划船的動作，亞元再加重語氣告訴宗翰：「你要當新郎喔！」三個人一起做划船的動作。

1/10，遊戲角活動時，亞元、宗翰和伶立在娃娃角，伶立過來叫亞元和宗翰上船（一個紙箱做成的），亞元拉著頭上的絲巾說：「宗翰，我假裝是新娘，我們去蜜月旅行。」亞元和宗翰一起拉著手進入紙箱船，伶立大聲說：「開船！」宗翰笑著用兩手做出划船的動作，亞元再加重語氣告訴宗翰：「你要當新郎喔！」三個人一起做划船的動作。

1/10，遊戲角活動時，亞元、宗翰和伶立在娃娃角，伶立過來叫亞元和宗翰上船（一個紙箱做成的），亞元拉著頭上的絲巾說：「宗翰，我假裝是新娘，我們去蜜月旅行。」亞元和宗翰一起拉著手進入紙箱船，伶立大聲說：「開船！」宗翰笑著用兩手做出划船的動作，亞元再加重語氣告訴宗翰：「你要當新郎喔！」三個人一起做划船的動作。

（三）軼事紀錄的分類整理

　　幼兒園教師在幼兒遊戲過程中擁有開闊的視窗和從容的機會，蒐集個別幼兒各方面發展與學習的軼事紀錄，這些多元面向的軼事紀錄資料需要進一步的分類整理，方能顯示其所蘊含之幼兒發展與學習的重點訊息。第七章第參節論及幼兒

遊戲中的教師須注意觀察遊戲，首先根據幼兒發展知識辨識這個遊戲情境潛在包含幼兒哪方面的發展層面，並適時鷹架幼兒的遊戲；接著第八章第壹節論及幼兒園遊戲區的計畫可參酌較廣泛包含幼兒發展和學習的課程目標，藉以連結個別幼兒的不同遊戲目標。我國「幼兒園教保活動課程大綱」（教育部，2016：5-7）是由幼兒的發展出發，其中列舉之身體動作與健康、認知、語文、社會、情緒和美感各領域的課程目標，以及陶養幼兒擁有覺知辨識、表達溝通、關懷合作、推理賞析、想像創造、自主管理之六大核心素養，即可做為分類整理軼事紀錄的基本標準。這六項核心素養統整各領域的領域能力，是個人為適應現在生活及面對未來挑戰，所應具備的知識、能力與態度：

1. 覺知辨識：運用感官，知覺自己及生活環境的訊息，並理解訊息及其間的關係。

2. 表達溝通：運用各種符號表達個人的感受，並傾聽和分享不同見解與訊息。

3. 關懷合作：願意關心與接納自己、他人、環境和文化，並願意與他人協商，建立共識，解決問題。

4. 推理賞析：運用舊經驗和既有知識，分析、整合及預測訊息，並以喜愛的心情欣賞自己和他人的表現。

5. 想像創造：以創新的精神和多樣的方式表達對生活環境中人事物的感受。

6. 自主管理：根據規範覺察與調整自己的行動。

進一步參酌「幼兒園教保活動課程大綱」各個領域的實施原則，皆分別針對各領域課程目標所包含的幼兒能力，提示列舉出教師觀察評量幼兒學習表現的觀察要點；教師觀察評量幼兒遊戲時即可參酌這些觀察的要點，辨識這個值得注意的遊戲軼事紀錄是類屬於課程的哪個領域、哪個課程目標，以及哪個核心素養，將領域課程目標和素養標示在每張軼事記錄上端，並簡要註解每則軼事蘊含幼兒學習發展的意義與其類屬之領域課程目標和素養的關聯性，做為運用於課程教學和個別輔導的參照要點。

綜合參照上述軼事記錄的內容、方式和分類整理，在表 9-1 至表 9-6 分別列

表9-1　身體動作與健康／遊戲軼事紀錄

領　　域	■身體動作與健康　□認知　□語文　□社會　□情緒　□美感
課程目標	身-1-2　模仿各種用具的操作
核心素養	■覺知辨識　□表達溝通　□關懷合作　□推理賞析　□想像創造 □自主管理

小庭 在益智區玩一個木製的蝴蝶拼圖，先試著將一片拼圖片放進框架左上角的位置，左右轉來轉去一直放不進去，對自己說：「為什麼拼圖都放不進去啊？」老師走過來指著拼圖上的一個位置，提示小庭仔細看哪一片拼圖看起來像這位置的形狀，並示範如何試著將拼圖片轉一轉放放看。接著小庭自己注意看並找到一片拼圖，轉一轉就放進框架裡，對自己說：「要轉一轉啊！」自己繼續試著放進其他的拼圖片。

註解：小庭經由老師的提示，注意到辨識拼圖的形狀，並試著轉動操作拼圖片。

領　　域	■身體動作與健康　□認知　□語文　□社會　□情緒　□美感
課程目標	身-3-1　應用組合及變化各種動作，享受肢體遊戲的樂趣
核心素養	□覺知辨識　□表達溝通　□關懷合作　□推理賞析　■想像創造 □自主管理

小圓 在音樂角，兩手放在腰旁，用單腳站立並隨著音樂節拍跳動，連續跳了七下，休息約一分鐘後，繼續用雙腳隨著音樂節拍跳動著，大聲說：「我是一隻大青蛙！」

註解：小圓隨著音樂節拍單腳跳和雙腳跳，並想像自己是大青蛙。

表9-2　認知／遊戲軼事紀錄

領　　域	□身體動作與健康　■認知　□語文　□社會　□情緒　□美感
課程目標	認-1-1　蒐集生活環境中的數學訊息
核心素養	■覺知辨識　□表達溝通　□關懷合作　□推理賞析　□想像創造 □自主管理

小康 在戶外沙池玩，一面把一堆一堆的沙堆高起來，一面說：「這是一座山、兩座山、三座山」，然後走到沙池旁的玩水角，將一條套在水龍頭的長水管牽到沙池裡，把水管埋在沙裡，接著去打開水龍頭，說：「小河的水流出來了！」

註解：小康運用堆沙的視覺和觸覺，覺知沙堆成山的數量，並辨識沙堆裡外的關係。

領　　　域	☐身體動作與健康　■認知　☐語文　☐社會　☐情緒　☐美感
課程目標	認-2-1　整理生活環境中的數學訊息
核心素養	☐覺知辨識　☐表達溝通　☐關懷合作　■推理賞析　☐想像創造 ☐自主管理

小建 在體能角玩，對小朋友說：「要進來兒童樂園玩的小朋友，就要買票，一張票10元。」小芳和小珍一起進入，小建說：「你們要給我20元，才能進去啊！」小名也跑過來，說要一起進去，小建說：「三個人就30元啦！」

註解：小建知道進入兒童樂園要買票，在遊戲中整合人數和票價的數量訊息。

表 9-3　語文／遊戲軼事紀錄

領　　　域	☐身體動作與健康　☐認知　■語文　☐社會　☐情緒　☐美感
課程目標	語-2-4　看圖敘說
核心素養	☐覺知辨識　■表達溝通　☐關懷合作　☐推理賞析　☐想像創造 ☐自主管理

小林 在繪畫角畫了一張圖，告訴老師圖畫的內容：「嗯！下雨了，這是石頭，石頭打開來，有好多石頭像下雨一樣滾下來，是石頭雨哦！綠色是打雷嘛！還發出綠色的閃電，照在石頭雨上，好像在下綠色的雨，地上都變成綠地了！」

註解：小林運用口語敘說表達自己的圖畫內容細節和簡要情節。

領　　　域	☐身體動作與健康　☐認知　■語文　☐社會　☐情緒　☐美感
課程目標	語-2-2　以口語參與互動
核心素養	☐覺知辨識　☐表達溝通　■關懷合作　☐推理賞析　☐想像創造 ☐自主管理

小晨 看到小琪在生活自理區裡操作梳髮教具，走過去跟她說：「妳在梳頭髮喔！我幫妳梳頭髮好不好？然後我當媽媽、妳當妹妹，假裝我在幫妳梳頭髮，妳覺得很漂亮哦！」小琪說：「好啊！」小晨梳了一會兒後說：「妹妹，妳覺得這樣漂亮嗎？」小琪：「很漂亮啊！那我等一下也要當媽媽，換我幫妳梳頭。」小晨說：「好啊！我頭髮很長喔！我先幫妳，然後妳再幫我。」小琪說：「好！」兩人繼續互相梳頭髮。

註解：小晨用口語表達她願意幫小朋友梳頭髮，讓小朋友覺得很漂亮，並與小朋友協商互相梳頭髮。

表9-4　社會／遊戲軼事紀錄

領　　　域	□身體動作與健康　□認知　□語文　■社會　□情緒　□美感
課程目標	社-2-2　同理他人，並與他人互動
核心素養	□覺知辨識　□表達溝通　■關懷合作　□推理賞析　□想像創造 □自主管理

09/22，小群 和小芸、小琳一起在扮演角玩照顧病人的遊戲，小芸和小琳當病人，小群先請小芸乖乖吃藥，接著替小琳蓋好被子，還邀請老師快點來探望小琳，對老師說她很擔心小琳是不是能很快好起來，並且與老師討論小琳的病情。

註解：小群與小朋友一起玩扮演遊戲時，能細心照顧小朋友，並關懷小朋友的病情。

領　　　域	□身體動作與健康　□認知　□語文　■社會　□情緒　□美感
課程目標	社-2-2　同理他人，並與他人互動
核心素養	□覺知辨識　■表達溝通　□關懷合作　□推理賞析　□想像創造 □自主管理

12/02，小均 到娃娃家玩，看到小崧正拿著漁網假裝在捕魚，小崧問：「可以幫我拿著漁網一下嗎？」小均提高聲音說：「剛才你抓了我們的蝦子，走開，你去積木角玩，這是我要玩的，你去玩別的啦！」

註解：小均較注重自己的需求，沒有同理小朋友的需求，未能與他人適當地溝通。

表9-5　情緒／遊戲軼事紀錄

領　　　域	□身體動作與健康　□認知　□語文　□社會　■情緒　□美感
課程目標	情-4-1　運用策略調節自己的情緒
核心素養	□覺知辨識　□表達溝通　□關懷合作　□推理賞析　□想像創造 ■自主管理

小杰 和小里在美勞角摺紙，兩人都要拿一本摺紙書，把書搶來搶去，並互相拉扯對方的衣服，結果小里搶到書，小杰睜大眼睛瞪著小里，用很重的語氣說：「有什麼了不起，我沒有看書，自己也會想辦法，我會摺更漂亮的。」小杰不再和小里搶書，繼續自己嘗試摺紙，對旁邊的小朋友說：「你看，我摺的很漂亮吧！」

註解：小杰試著改變自身的想法，調整自己的行動，自行想辦法摺紙，也藉以調整自己沒拿到摺紙書的負向情緒。

領　　域	□身體動作與健康　□認知　□語文　□社會　■情緒　□美感
課程目標	情-1-2　覺察與辨識生活環境中他人和擬人化物件的情緒
核心素養	■覺知辨識　□表達溝通　□關懷合作　□推理賞析　□想像創造 □自主管理

小娟和小莉在娃娃家玩，兩人都說自己不要當媽媽，這時小碧走過來問：「我可以進來玩嗎？」小娟說：「要玩可以，但你要當媽媽，不然不讓你玩。」小碧說：「不玩就不玩，那我等一下再來玩。」小碧對著小娟和小莉伸伸舌頭，用力踏地走開了，小娟看著小碧踏地走開，轉頭對小莉說：「不讓她玩，又不肯當媽媽，就這樣生氣！」
註解：小娟從扮演遊戲的事件脈絡中，覺察到他人的生氣情緒。

表9-6　美感／遊戲軼事紀錄

領　　域	□身體動作與健康　□認知　□語文　□社會　□情緒　■美感
課程目標	美-2-1　發揮想像並進行個人獨特的創作
核心素養	□覺知辨識　□表達溝通　□關懷合作　□推理賞析　■想像創造 □自主管理

小雅在美勞角，將一張黃色的色紙對摺之後，用剪刀剪色紙的四個邊，再打開色紙，對旁邊的小朋友說：「看！變成了一朵黃玫瑰！」接著拿了一個大紙箱，用刀片把紙箱先割開一個小洞，再拿著剪刀慢慢剪出一個方形的洞，自己在那一個洞鑽進鑽出，叫著：「這是窗戶哦！」
註解：小雅玩索著色紙和紙箱，分別想像為玫瑰和窗戶，享受著自我表現和創造的樂趣。

領　　域	□身體動作與健康　□認知　□語文　□社會　□情緒　■美感
課程目標	美-2-2　運用各種形式的藝術媒介進行創作
核心素養	□覺知辨識　■表達溝通　□關懷合作　□推理賞析　□想像創造 □自主管理

小宗、小玲和小萱在娃娃家，小宗拿著鏟子在鍋裡鏟著一張色紙，說他正在煎蛋，小萱說要放鹽巴，小宗說：「鹽巴不可以放太多，不然荷包蛋會太鹹哦！」然後，小宗又對小玲說：「鍋子好髒喔！我們一起去把鍋子洗乾淨吧！」小宗和小玲一起去水槽洗鍋子。
註解：小宗運用口語表達、動作和玩物，與小朋友進行互動溝通扮演。

舉有關幼兒身體動作與健康、認知、語文、社會、情緒和美感各領域軼事紀錄的參考實例，教師可將每位幼兒各領域的軼事紀錄累積存放在其個別的資料夾中，並每週定期查看資料夾，如發現某位幼兒較缺少軼事紀錄或缺乏某方面領域和素養的紀錄資料，即可藉以提醒自己需多注意觀察記錄這位幼兒的學習發展表現。

二、遊戲的動態評量記錄

上述第一小節的遊戲軼事紀錄參考實例，有的是呈現幼兒自己玩或與同儕一起玩，有的則會出現老師介入協助幼兒的遊戲。參照第壹節所述幼兒評量的原則，其中強調評量內容要能顯示幼兒的進展方向，呈現幼兒能獨立做什麼，以及在被協助時能做什麼，而不只是呈現幼兒不能做什麼，這是動態評量著重的蒐集評量資料方式，因此本小節進一步闡述呈現幼兒在被協助時能做什麼之動態評量的軼事記錄。

動態評量（Dynamic Assessment）是參照 Vygotsky 的「最近發展區」（Zone of Proximal Development）概念（參見第四章第肆節「遊戲課程實施的發展取向」），主張「最近發展區」是一個重要的評量結構，動態評量著重於蒐集幼兒「最近發展區」上下兩端能力的資料，包括較低層級之幼兒能獨立做什麼的現有發展水準，以及較高層級之幼兒得到協助時能做什麼的潛在發展水準；所謂動態即是指教師持續觀察幼兒行為和能力在多個時間點持續改變或進步的情形，並在評量過程中給予幼兒協助性的互動，藉以探究幼兒的學習潛能和未來表現的潛在水準，同時試探符合幼兒所需要的協助策略（Haywood & Lidz, 2007; Hend, 2001）。

Vygotsky 提出遊戲為幼兒創造了一個「最近發展區」，是指幼兒在遊戲中經由人際社會的互動，包括成人指引或與較有能力的同儕友伴合作解決問題，可藉以引導幼兒的發展，由現有已被建立之真正的發展水準，進一步提升到潛在的發展水準；Vygotsky 認為遊戲以濃縮的形式包含了所有發展的趨勢，遊戲顯示了幼兒最近發展區內最佳的發展水準，亦即顯示幼兒真正的發展水準以及潛在的發展

水準之間的學習潛力（Vygotsky, 1978: 102-103）。所謂成人指引中的學習潛力，例如（引自 Bodrova & Leong, 2007: 43），有兩位幼兒都站在平衡木的一端，只是盯著平衡木看，無法走過平衡木，教師給予兩位幼兒相同的協助，都伸手握住幼兒的手，其中一位幼兒還是只能停留站在平衡木上緊抓著教師的手，另一位幼兒則能抓著教師的手，在教師的扶助下走過平衡木，這個例子顯示有相同獨立表現水準的幼兒，可能有不同的最近發展區，亦即有不同的學習潛力。

　　幼兒在遊戲過程中，除了經由成人的指引，亦可從記憶、注意、語言使用、自我控制，以及與較有能力的同儕友伴合作中，創造他們自己的學習鷹架和展現學習潛力。以語言發展為例，幼兒在遊戲中與友伴自然地交談過程中，即以濃縮的形式包含了語言發展的各種趨勢，包括：與同伴彼此模仿或修正說話的方式、從遊戲情境中推測新字或新詞的意義、配合遊戲情節轉換高低音調或唸誦有節奏的語音、運用較完整的語句結構談論某個玩具或物品的玩法、在同儕互動中練習語言的組織和相互協商策略（Ervin-Tripp, 1991）。又例如（引自 Bodrova & Leong, 2007: 44），一位三歲幼兒在老師說故事時間，一直無法專心坐定聽故事，然而隨後與一群小朋友玩上學的扮演遊戲，在扮演學生時，就能持續約五分鐘專心靜坐聆聽扮演小朋友的老師唸讀著書；這個例子顯示藉由遊戲與同儕互動，幼兒練習著集中注意力及控制自己的行為，幫助幼兒在其最近發展區內向上移動，超越他原不能集中注意力的日常行為，得以在最近發展區的較高層次表現其集中注意力的潛在能力。

　　動態評量的方式融入幼兒遊戲情境的評量，遊戲的評量資料即可同時呈現教師介入引導協助以及幼兒的回應，亦即可包括第七章所述教師鷹架幼兒遊戲的過程（語言的支持、材料的支持，或參與幼兒遊戲），將教師的鷹架過程融入幼兒的遊戲評量過程中，師生互動與幼兒評量相輔相成，教師可同時進行教學引導和學習評量，藉以發現幼兒目前的發展水準以及正要萌發的能力，另一方面亦可藉以試探最能支持幼兒學習和提升幼兒發展水準的方式和時機。

　　遊戲為幼兒創造了一個最近發展區，而每位幼兒的最近發展區和發展的真正水準各有不同，需要老師多少程度的協助支持以及需要多少時間朝向發展的潛在

水準亦各有不同。某一位幼兒在今天獲得老師的「一些」協助支持而可以完成的事情，明天他可能可以自己獨立完成這件事情；另一位幼兒在今天獲得老師「較多的」協助支持才可以完成的事情，明天他可能僅需要「一些」協助支持即可以自己獨立完成這件事情；而第三位幼兒在今天需要獲得老師「很多的」協助支持才可以完成的事情，明天他可能僅需要「較多一些」協助即可以自己獨立完成這件事情（Bodrova & Leong, 2007: 41）。所謂今天或明天主要是表示時間的延續，幼兒的學習進展其間可能間隔一天或數天、一週或數週、一個月或一個學期。

　　參照動態評量的概念，顯示教師協助和幼兒學習進展的情形，即可分為「能獨立表現」（independent performance）、「需要一些協助的表現」（performing with moderate assistance），或「需要很多協助的表現」（performing with maximum assistance）（Bodrova & Leong, 2007: 204），藉以具體顯示幼兒能獨立做什麼，以及在被協助時能做什麼。例如，表 9-7 至表 9-10「幼兒遊戲引導與評量紀錄」是教師分別針對一位標的幼兒（加框標示，如 小威 ），引導幼兒遊戲與師生互動的簡要描述，以及教師引導協助和幼兒回應表現的評量記錄，並分別標示教師協助的多少（能獨立表現、需要一些協助的表現、需要很多協助的表現），以及幼兒回應表現的核心素養。

　　在表 9-10 幼兒遊戲引導的過程中，亦可觀察到同儕小萱能自行說出能不吵架的方法：「要一起玩！」「因為有分工合作。」「我們可以討論，一人演三隻小豬、一人演大野狼、一人負責房子。」顯示小萱願意關心與接納他人，並願意與他人協商，建立共識，解決問題，因此如以小萱為評量記錄的幼兒，其評量記錄的學習表現即可標記為「能獨立表現」關懷合作的素養。

三、遊戲的形成性與總結性評量表

　　幼兒園教師於平日持續蒐集和分類整理幼兒遊戲的軼事紀錄，並綜合參照其他在課程教學活動、例行性活動，或日常生活作息中蒐集的幼兒軼事紀錄，即可做為評量幼兒學習成效之形成性評量和總結性評量的參照資料。在幼兒園課程（主

表9-7 幼兒遊戲引導與評量紀錄（一）

幼兒遊戲引導過程		
幼兒遊戲情形	小威 在積木區試著用積木搭建捷運軌道，但一直只排出一條直線。	
	教師	**幼兒**
教師介入引導協助及師生互動情形	說：「你可以去看看積木區的捷運軌道照片，告訴老師軌道是什麼樣子嗎？」	走向積木區觀看牆壁上的捷運照片，對老師說：「有兩條長長的線。」
	說：「你可以在白板上試著將軌道的樣子畫出來看看嗎？」	拿起筆在白板上畫出兩條長線。
	說：「你畫的軌道跟做的軌道有什麼不一樣呢？你試著照著你畫的軌道排排看吧！」	繼續排列積木，開始排出兩條線。

幼兒遊戲評量紀錄	
核心素養	■覺知辨識　□表達溝通　□關懷合作　□推理賞析　□想像創造 □自主管理
時間／地點	5 月 2 日／積木區
幼兒遊戲或同儕互動教師協助	□能獨立表現　　■需要一些協助的表現　　□需要很多協助的表現 小威 在積木區搭建捷運軌道，試著用積木排列出軌道的樣式，但一直只排出一條直線。老師建議他到積木區觀察軌道照片、先畫出軌道的樣子、再照著所畫的軌道排列積木。小威觀看軌道照片，辨識並畫出軌道有兩條長長的線，接著用積木開始排出兩條線。

表 9-8　幼兒遊戲引導與評量紀錄（二）

幼兒遊戲引導過程		
幼兒遊戲情形	小亮 在遊戲區開放時間，漫無目標地走來走去，一直無法選定喜愛的遊戲。	
	教師	**幼兒**
教師介入引導協助及師生互動情形	說：「小亮，你想要玩什麼遊戲區呢？」	說：「不知道！」
	說：「你看！語文區在賣票、扮演區在搭捷運、積木區在搭建捷運軌道及車廂、美勞區在畫捷運票卡、益智區也有好多好玩的車子活動，你有什麼想玩的嗎？」	走向益智區選擇一樣活動，但不到 5 分鐘，又起身離開。
	說：「你不喜歡玩這個遊戲嗎？那老師陪你一起玩，我們一起選一樣物品來玩吧！」	說：「好啊！我們選搭公車的。」
	老師陪小亮玩了幾分鐘，邀請一位小朋友來和小亮玩，小朋友答應說：「好啊！」之後，老師對小亮說：「讓小希陪你玩，老師先去看看別的小朋友唷！」	說：「好啊！」持續與小朋友一起玩。

幼兒遊戲評量紀錄	
核心素養	☐覺知辨識　■表達溝通　☐關懷合作　☐推理賞析　☐想像創造 ☐自主管理
時間／地點	5 月 16 日／益智區
幼兒遊戲或同儕互動教師協助	☐能獨立表現　　☐需要一些協助的表現　　■需要很多協助的表現
	小亮 在遊戲區開放時間，一直獨自在遊戲區間走來走去，無法選定喜愛的遊戲。老師為小亮重點介紹各遊戲區正在進行中的遊戲，並陪小亮一起玩，還邀請小朋友來和小亮玩，對小亮說：「讓小希陪你玩！」小亮說：「好啊！」開始持續與小朋友一起玩。

表 9-9　幼兒遊戲引導與評量紀錄（三）

幼兒遊戲引導過程		
幼兒遊戲情形	小美 在美勞區畫了一張計畫單，計畫要創作車子，拿了許多素材：紙盒、毛球、壓舌棒、亮片和紙，試著要拼湊起來做出一輛車子，但一直拼湊不出車子的樣式。	
教師介入引導協助及師生互動情形	**教師**	**幼兒**
	說：「你想怎麼做這輛車子呢？」	說：「我想用這些材料做，可是我不知道要怎麼做？」
	指著小美在計畫單上畫的車子形體說：「仔細看看，你拿的這些素材，有哪一個最像你畫的車子？」	拿著紙盒放在計畫單上面說：「好像是這個紙盒，和我畫的車子形狀一樣。」
	說：「那接下來你想做車子的什麼部位呢？」	說：「我想黏車子的輪子。」
	說：「那有哪一個素材適合當輪子呢？」	說：「這顆圓圓的毛球，和車子的輪子一樣是圓圓的。」拿起毛球黏在紙盒上面，接著說：「太軟了！我的車子站不起來。」
	說：「那可以怎麼辦呢？你去觀察看看，有沒有其他小朋友也創作車子？找找還有其他素材可以試試看嗎？」	說：「我去找找看！」看到作品展示區有一部車子，車輪是利用瓶蓋做成的，說：「我也可以用瓶蓋試試看！」拿了四個瓶蓋分別黏在紙盒兩面。
	說：「哇！你已經把車子的樣子做出來了，其他部分，你可以自己再想想要再做什麼裝飾喔！」	說：「好！我要再做一個人坐在車子裡。」自己再繼續選用其他素材裝飾車子。

幼兒遊戲評量紀錄		
核心素養	☐覺知辨識　☐表達溝通　☐關懷合作　☐推理賞析　■想像創造 ☐自主管理	
時間／地點	6月8日／美勞區	
幼兒遊戲 或 同儕互動 教師協助	☐能獨立表現　　☐需要一些協助的表現　　■需要很多協助的表現 小美 在美勞區畫了一張創作車子的計畫單，拿了許多素材：紙盒、毛球、壓舌棒、亮片和紙，試著要拼湊起來做出一部車子，但一直拼湊不出車子的樣式。 老師提示小美仔細查看和比較計畫單上畫的車子和素材的樣式，小美先找出紙盒和自己畫的車子形狀一樣，再找出毛球和車子的輪子一樣是圓圓的。 小美拿起毛球黏在紙盒上面，發現說：「太軟了！我的車子站不起來。」老師提示她去看看其他小朋友創作的車子，找找還有其他素材可以試試看嗎？ 小美看到作品展示區有一部車子的車輪是用瓶蓋做成的，也拿了四個瓶蓋分別黏在紙盒兩面。老師接著建議小美再想想要做什麼裝飾車子，小美說想要再做一個人坐在車子裡，自己再繼續選用其他素材裝飾車子。	

題、單元或方案等）進行的過程中實施幼兒學習評量，評量幼兒是否達到某些課程目標或學習指標之評量項目的情形，稱為「形成性評量」；有計畫的透過平時持續蒐集幼兒學習的形成性評量資料，在一段時間（一個學期或一個學年）後對於幼兒學習情況的綜合判斷，稱為「總結性評量」（幸曼玲等人，2015：56-57）。

　　幼兒學習的形成性評量和總結性評量常採用評定等級之評量表的記錄形式，不同等級之幼兒遊戲行為亦可能同時呈現不同等級之學習和發展表現，例如，幼兒園教師趙佩瑛（2009）在幼兒園教學現場進行遊戲中評量社會互動能力的行動研究，觀察記錄幼兒在遊戲過程中如何尋找玩伴、與人分享合作、回應同儕要求、與他人協商與溝通想法，以及結交朋友等，對照Howes之同儕互動遊戲量表（廖鳳瑞等人譯，2016：7-12），不同層次之同儕互動遊戲即呈現不同等級之社會互動表現。參見表9-11「幼兒同儕互動遊戲的發展層次」，一位幼兒（小坵）進行

表9-10 幼兒遊戲引導與評量紀錄（四）

幼兒遊戲引導過程		
幼兒遊戲 情形	小祥和小萱在語文區，拿出三隻小豬的故事偶，準備進行扮演遊戲，小恒靠進來，沒有告知小祥和小萱，就拿取自己想要玩的偶，和小祥發生爭執。	
	教師	**幼兒**
教師介入 引導協助 及 師生互動 情形	說：「發生什麼事了？」	小萱：「他們在吵架。」 小恒：「他們都不給我玩。」 小祥：「他都自己拿很多角色。」
	說：「那怎麼樣才能不吵架呢？」	小萱：「要一起玩！」 小恒：「怎麼一起玩？」
	說：「我們之前有看過戲劇表演嗎？」	小萱：「有啊！」 小恒：「我們在兒童樂園有看過。」 小祥：「我們全園活動的時候有演過戲。」
	說：「那你們發現演戲的時候，為什麼不會吵架？」	小萱：「因為有分工合作。」 小恒：「每個人演的不一樣。」
	說：「那現在要怎麼分工合作？」	小萱：「我們可以討論，一個人演三隻小豬、一個人演大野狼、一個人負責房子。」
	說：「很棒的方法！你們可以試試看。」	小恒和小祥、小萱一起商量分配角色後，順利進行故事偶的扮演遊戲。

幼兒遊戲評量紀錄		
核心素養	☐覺知辨識　☐表達溝通　■關懷合作　☐推理賞析　☐想像創造 ☐自主管理	
時間／地點	5 月 12 日／語文區	
幼兒遊戲 或 同儕互動 教師協助	☐能獨立表現　　■需要一些協助的表現　　☐需要很多協助的表現 小祥和小萱拿出三隻小豬的故事偶，準備進行扮演遊戲，小恒靠進來，沒有告知小祥和小萱，就拿取自己想要玩的偶，因而和小祥發生爭執。老師引導幼兒想一想：「怎樣才能不吵架呢？」「我們之前有看過戲劇表演，為什麼不會吵架？」 經由同儕小萱的提議，「因為有分工合作。」「我們可以討論，一個人演三隻小豬、一個人演大野狼、一個人負責房子。」小恒和小祥、小萱一起商量分配角色，順利進行故事偶的扮演遊戲。	

建構遊戲時，僅簡單回答小朋友的詢問，但沒有進一步回應同儕的要求，是屬於層次 3 之簡單的社會遊戲；接著玩扮演遊戲時，則出現與小朋友合作進行層次 5 之的互補性／互惠性社會遊戲，能與同儕協商扮演遊戲中負責的工作，遊戲中顯示其同儕互動的等級有所進展。

　　參照「幼兒園教保活動課程大綱」進行課程本位的評量，將幼兒園的課程教學與評量連結在一起，課綱中各領域的學習指標和六大核心素養，即可做為擬定形成性評量表和總結性評量表的基礎（幸曼玲等人，2015：60-66），表 9-12「遊戲的形成性評量表」和表 9-13「遊戲的總結性評量表」即參照課綱各領域的學習指標和核心素養，以實例分別說明遊戲為本的形成性和總結性評量表的記錄形式。其中各評量表之評定等級的區分規準，可依據幼兒學習表現的數量多少（如：經常、有時、很少），或依據幼兒學習表現的品質高低（如：優異、良好、尚可、再加油），亦可參照前述動態評量的概念，區分為「能獨立表現」、「需要一些協助的表現」或「需要很多協助的表現」。

表9-11　幼兒同儕互動遊戲的發展層次

觀察日期	幼兒的遊戲行為	同儕互動遊戲的發展層次
11／3	建構遊戲： 小圻在益智區玩賣東西的遊戲，小蓉走向前詢問小圻：「你在做什麼？可以教我怎麼玩嗎？」小圻說：「沒關係，我教你。」之後，小圻低著頭回答說：「賣東西。」然後繼續排東西，沒有再回應小蓉，小蓉看了一下，便離開了。	層次1：簡單的平行遊戲：彼此很接近，但沒有目光接觸或任何社會行為。 層次2：彼此注意的平行遊戲：從事相似的活動，有時彼此注視或互相模仿。 層次3：簡單的社會遊戲：彼此有社會行為，但並未協調。 層次4：互補性／共同知覺性遊戲：輪流玩，但沒有言語互動。 層次5：互補性／互惠性社會遊戲：有互補性的對話與一來一往的輪流性社會互動。
11／13	扮演遊戲： 自由遊戲時，小圻笑著說要去語文區的偶臺演布袋戲邀請老師來看。小圻和小芸、小浩、小群等召集了很多小朋友，小圻與小朋友協商工作，小圻負責賣票與演出。大家催促小圻快點開演時，小圻看著大家且一度不知如何是好，但仍然為大家帶來一小段演出，逗得大家哈哈大笑。	層次1：簡單的平行遊戲：彼此很接近，但沒有目光接觸或任何社會行為。 層次2：彼此注意的平行遊戲：從事相似的活動，有時彼此注視或互相模仿。 層次3：簡單的社會遊戲：彼此有社會行為，但並未協調。 層次4：互補性／共同知覺性遊戲：輪流玩，但沒有言語互動。 層次5：互補性／互惠性社會遊戲：有互補性的對話與一來一往的輪流性社會互動。

（一）遊戲的形成性評量

在幼兒園班級實施主題、單元或方案等各種教學過程中進行幼兒學習的形成性評量，其中可針對幼兒在遊戲區的情境進行遊戲評量，藉以瞭解幼兒是否達到有關主題、單元或方案之某項重要學習指標轉寫成之形成性評量項目。例如，表 9-12「遊戲的形成性評量表」，以教學主題「玩具好好玩」對小班幼兒很重要的三則學習指標為例，先改寫成與主題有關的形成性評量項目，再根據平日觀察評量資料，勾選幼兒學習表現的等級，以及註解等級勾選的依據，並附加一則表現評量等級的遊戲軼事紀錄做為佐證實例。

表 9-12 遊戲的形成性評量表
主題：玩具好好玩

學習指標／評量項目	熟練	發展中	加油	註解與遊戲實例
重要的學習指標： 社-小-2-2-4 尋求成人協助以解決同儕衝突 形成性評量項目： 尋求老師協助解決與同儕搶玩具的衝突		✓		小芳在玩玩具時，有時會和小朋友搶奪玩具，彼此產生爭執和衝突，知道可尋求老師協助，但還需要學習主動採取尋求協助的行動。 例如： 3/19 在積木區，小芳與小蓮同時都想拿籃子裡最後一個長方型積木，兩個人先是用手搶奪積木，接著彼此用手推擠對方。小蓮開始大聲尖叫，小芳大聲的說：「不要叫，我要告訴老師。」小蓮說是她先拿到的，小芳也說：「我要告訴老師，是我先的。」小芳接著就把手上的積木往小蓮身上丟，小蓮大哭。老師走過來提示小芳說：「我一直聽到妳說要告訴老師，可是怎麼都沒有來告訴老師呢？能不能告訴我剛才發生什麼事了？」

表9-12　遊戲的形成性評量表（續）

主題：玩具好好玩

學習指標／評量項目	熟練	發展中	加油	註解與遊戲實例
重要的學習指標： 身-小-2-2-2 操作與運用抓、握、扭轉的精細動作 形成性評量項目： 操作與運用手指轉動陀螺的精細動作	✓			小芳經常能運用精細的操作動作，熟練地操作各種玩具或用具。 例如： 3/22 小芳 在童玩角玩自己從家裡帶來的指尖陀螺，將陀螺插在她的每根手指頭上持續轉動著，變換手指頭時，陀螺也不會停下來或掉落，還叫老師和廚房阿姨過來看她表演指尖陀螺，接著還會教阿姨如何轉動陀螺的手指操作動作。
重要的學習指標： 認-小-1-1-2 覺知兩個物體位置間的上下關係 形成性評量項目： 覺知形狀拼貼位置間的上下關係			✓	小芳能辨識與命名物體的形狀，但需要較多的引導協助，才能注意到物體位置間的上下關係。 例如： 3/26 小芳 在益智區玩磁性形狀拼貼版，看著圖卡試著仿排出相同的人像圖，試排了約 10 分鐘，還是排不出來。老師走過來坐在小芳旁邊，提示她仔細看看人像上有什麼形狀，小芳說出眼前看到的形狀，老師進一步由上到下指著人像上的形狀，提示說：「那從人像的上面到下面，有哪些形狀呢？」小芳依著老師手指方向說出形狀，接著老師引導小芳看著圖卡的人像圖，從上到下一個一個仿排形狀拼貼版。

（二）遊戲的總結性評量

經由平時有計畫的持續蒐集幼兒學習的形成性評量資料，通常在一個學期或一個學年結束前，可參照課綱的六大核心素養的類別，整合幼兒一學期或一學年有關各類素養的評量資料，對於幼兒在這段時期的學習表現做總結性的評量。例如，表9-13「遊戲的總結性評量表」，分別以六大核心素養之一則學習評量指標為例（幸曼玲等人，2015：65-66），根據平日觀察評量資料，勾選幼兒學習表現的等級，以及註解等級勾選的依據，並附加一則表現評量等級的遊戲軼事記錄做為佐證實例。

表9-13　遊戲的總結性評量表

核心素養 學習評量指標	表現等級				註解與遊戲實例
	1	2	3	4	
1.覺知辨識 能知道生活規範及活動規則的理由			✓		小楷能知道日常生活或遊戲的基本規則，有時還會糾正小朋友，告訴小朋友為什麼要遵守規則。 例如： 10/6 小楷在扮演區玩，扮演區的名牌已插滿了，這時小健也想進入扮演區，但被其他小朋友拒絕而哭起來，小楷告訴小健：「你沒有拿牌子到這裡，你沒看到這裡人數已經滿了嗎，你再加入就太擠啦！東西會不夠玩啦！」
2.表達溝通 能應用圖像符號表達想法或情感			✓		小楷常藉著畫圖表現自己的生活經驗，圖像雖然不是很細緻，但大多能表達出自己的情感或想法。 例如： 5/2 母親節快到了，老師建議幼兒畫出母親節當天可以為媽媽做些什麼，小楷到美勞區用蠟筆畫了自己送媽媽康乃馨，並畫出自己與媽媽收到花時都很開心的笑容，小楷還特別告訴老師：「媽媽很喜歡花喔！」

表9-13　遊戲的總結性評量表（續）

核心素養 學習評量指標	表現等級				註解與遊戲實例
	1	2	3	4	
3.關懷合作 能理解他人之需求，表現關懷的行為			✓		小楷有時會主動察覺和理解小朋友在不同情境的需求，前去關懷和協助小朋友解決問題。 例如： 10/30在積木區的收拾時間，小軒準備拆除自己組裝的積木作品，小偉伸手用力拍打小軒的積木，小軒生氣的說：「我要自己拆。」小偉還是繼續用力打散小軒的積木；小楷看到這些情形，就跟小偉說：「你讓小軒自己拆，那是他做的東西啊！」小偉：「要快點收！」小楷：「那不是你做的，讓他自己收。」小偉：「我要幫忙收啊！」小楷：「那你幫忙收其他東西，後面還有別的啊！」小偉轉頭看，就去幫忙收拾其他積木。
4.推理賞析 能分析已知的訊息，找出形成現象的成因			✓		小楷有時能運用自己既有的知識和經驗，分析事情或問題形成的原因。 例如： 11/2小楷和小林、小欣一起在烹飪區包水餃，老師提醒他們可對照著烹飪桌上貼著的包水餃步驟圖，小楷告訴老師說：「我也有跟媽媽一起包過水餃。」接著不時提醒小林和小欣說：「先要挖一點餡，放到水餃皮上」；「要用手沾水塗在水餃皮的邊邊，再把它包起來，水餃皮要黏緊緊的」；小欣問：「不然會怎樣？」小楷：「不然等一下煮的時候，餡會跑出來哦！媽媽也是這樣教我包的。」

表9-13 遊戲的總結性評量表（續）

核心素養學習評量指標	表現等級 1	2	3	4	註解與遊戲實例
5.想像創造 能透過扮演媒介進行想像創作				✓	小楷經常能發揮想像力，隨興透過各種扮演媒介，進行獨特的創作。 例如： 12/22 在積木區，小楷 自己用積木組裝成一根長長的棍子，對老師說：「老師，你看！這是我的魔法棒，我把自己變成公主了。」老師：「你的魔法棒這麼厲害！」小楷說：「對啊！我還可以變出城堡。」接著小楷用魔法棒輕輕碰了一下老師的頭說：「變！」老師：「我現在被變成城堡了嗎？」小楷笑著說：「不是啦，老師也變成公主了。」
6.自主管理 能協調與控制小肌肉，完成精細動作活動		✓			小楷能運用手指進行簡易的操作，但較為精細的動作活動，常需要老師協助，才能協調與控制小肌肉。 例如： 9/30 小楷 在美勞區製作寶可夢球。先把膠帶拉出長長一條，用剪刀的前端剪膠帶，剪了兩三次後發現只剪斷一小部分，有時膠帶還會黏到剪刀上，這時老師走過來問小楷需不需要幫忙，小楷點點頭，老師先把膠帶的一端黏在桌子上，教小楷用左手拉直膠帶，右手拿著剪刀練習試剪了幾次後，再把剪刀拉開對準膠帶，使用剪刀後端慢慢剪膠帶。

參、遊戲評量資料的運用參考

　　幼兒評量的目的主要是提供有關每位幼兒發展與學習的資料，用來計畫教學和與家長溝通，本節舉例說明幼兒的遊戲評量資料，可如何用來計畫教學和與家長溝通。

186

一、遊戲評量資料的教學運用

幼兒園教師持續蒐集和記錄每位幼兒遊戲行為的評量資料，因應其中顯示之發展與學習的訊息，即可擬定與運用於課程的計畫，並持續透過遊戲觀察幼兒的學習進展情形。例如，幼兒園教師趙佩瑛（2009）在幼兒園教學現場進行遊戲中評量社會互動能力的行動研究，參照幼兒學習指標與課程教學連結的方式（楊世華譯，2008），探究如何將遊戲中評量幼兒社會互動的資料運用於課程與教學的計畫。

下列表 9-14 至表 9-17「幼兒遊戲評量資料的教學運用」是引用趙佩瑛（2009）原訂定的「幼兒社會互動的課程計畫」表格內容，另參酌 2016 年發布之「幼兒園教保活動課程大綱」而稍加調整原表格的項目，其中將原學習指標改為選用課綱中類似內涵的課程目標、學習指標，並加列評量項目；另外為顯示在多個時間點持續觀察幼兒能力進展的動態評量方式，將幼兒遊戲評量的時間階段行為表現，調整為初始行為、進步中行為和進階行為；初始行為是指幼兒最初開始有關該項評量項目的表現情形，進步中行為是指幼兒朝向該項評量項目的進步情形，進階行為是指幼兒已能接近該項評量項目的達成情形。透過遊戲中持續評量和瞭解一位幼兒社會互動的進展情形，隨之擬定有關學習指標的教學與輔導方式，包括：學習區自由遊戲、團體活動、小組活動、日常生活輔導，以及教師自身的反省思考，或是繼續延用前一階段的教學輔導方式（表中以箭頭→代表繼續延用前一階段的方式），藉以提供幼兒有關學習指標的學習機會和經驗，如此即形成針對每位幼兒評量與教學運用相輔相成的動態歷程。

表9-14　幼兒遊戲評量資料的教學運用（一）

課程目標	社-3-3　關懷與尊重生活環境中的他人		
學習指標	社-小-3-3-1　樂於與友伴一起遊戲和活動		
評量項目	樂於與友伴一起玩遊戲和進行活動		
	初始行為	進步中行為	進階行為
幼兒遊戲行為進展	只願意與老師互動為主，樂於與老師分享生活經驗、喜好與作品。	固定與一位友伴活動，但較少與其他同儕分享生活經驗、喜好與作品。	與一位以上的同儕建立友伴關係，開始與不同對象分享經驗、作品與喜好。
學習區遊戲輔導	老師適時介入遊戲，引導幼兒與其他幼兒互動和分享，建立友誼。	當幼兒與老師分享時，老師表現出興趣，並鼓勵幼兒將如此有趣的經驗告訴其他小朋友。	請與幼兒興趣相似的同伴分享彼此的經驗，鼓勵幼兒多與他人交流。
團體活動	認識你我他：玩口香糖身體接觸的團體遊戲，鼓勵幼兒與他人交朋友。	小水滴找朋友：配合音樂連結愈來愈多同伴，學習邀請他人。	運用分享與建立友誼的故事書，討論交朋友的意義，鼓勵幼兒結交朋友。
	提供固定的團體分享機會，如分享自己的創作、喜歡的玩具、假日生活經驗等。	舉辦玩具、美食或二手物品交流和分享活動。	參觀附近幼兒的住家，分享彼此的家庭生活經驗。
小組活動	準備需要共用的工具與素材，鼓勵幼兒輪流分享。	→	
	設計共同保護資源的小遊戲，鼓勵幼兒尋找好朋友共同參與。	安排幼兒與好朋友以外的同儕進行互動合作活動。	→
日常生活	日常隨時具體讚美幼兒樂於與朋友分享的事情，提供幼兒學習的楷模。	提供幼兒可自己展示作品的分享欄，與朋友互相欣賞彼此的作品。	→
教師省思	老師自身經常表現出樂於聆聽幼兒分享的態度。	適時回應與肯定幼兒與小朋友分享與建立友誼的行為。	→

表9-15 幼兒遊戲評量資料的教學運用（二）

課程目標	社-3-3　關懷與尊重生活環境中的他人		
學習指標	社-中-3-3-1　主動關懷並樂於與他人分享		
評量項目	主動關懷和幫助友伴		
	初始行為	**進步中行為**	**進階行為**
幼兒遊戲 行為進展	會停下遊戲關注其他小朋友發生的事情，但不會靠近或對當事人表達關心。	見到小朋友有需求，偶爾會順手幫忙。	見到老師或小朋友需要幫助，會主動表示可以幫忙。
學習區 遊戲輔導	幼兒遊戲時，老師適時引導幼兒如何關懷與幫助他人，或示範關懷的方式。	遊戲中看到小朋友遇到困難時，鼓勵幼兒前去關懷或協助。	遊戲中，見到幼兒自動幫助或關懷他人，即時給予讚美。
團體活動	講述同理與關懷他人的故事。	觀看同理與關懷他人的紀錄片，討論可行的關懷行動，並實際進行，如：製作感恩卡、協助除草。	練習對身邊的人表達具體的感恩與關懷，如：說出感恩家人的話或製作禮物贈送給家人。
	討論如何幫助愛玩水的小毛（故事書主角），設計許多方法提醒小毛。	透過故事主角（圖書館的小老鼠），發展愛護小老鼠與建造小老鼠之家的活動。	經由團體討論，將班級開書店剩下的禮物捐給需要的人。
小組活動	設計互助合作的小組遊戲，如「水牛載農夫」。	➔	
	小組製作關懷卡，討論可以送給需要關懷或感恩的人。	引導討論關懷他人的方法，並繪製關懷海報。	鼓勵幼兒於分組活動時協助組員，以及幫組員加油。
日常生活	建立班級小幫手制度，鼓勵幼兒服務與幫助他人。	公開稱讚表揚樂於幫助小朋友的事蹟，如協助小朋友擦藥。	配合生活宣導，發起捐發票活動。
教師省思	經常具體示範關懷與幫助他人的態度。	➔	

表9-16 幼兒遊戲評量資料的教學運用（三）

課程目標	社-2-2 同理他人，並與他人互動		
學習指標	社-大-2-2-1 聆聽他人並正向回應		
評量項目	聆聽友伴的想法，並正向回應友伴的需求		
	初始行為	進步中行為	進階行為
幼兒遊戲行為進展	能瞭解友伴想法，但考量自身需求，未即時回應友伴。	未能即時回應友伴需求時，會說明原因，並運用不同方式尋求友伴同意。	儘可能在覺察友伴需求後，立即回應友伴的想法與興趣。
學習區遊戲輔導	老師適時介入，透過提問等方式，引導幼兒發現他人不同的想法與興趣。	鼓勵幼兒在遊戲中接納他人的想法與興趣，並引導幼兒練習正向回應他人的方式。	繼續鼓勵幼兒在遊戲中接納他人的想法與興趣，並繼續練習正向回應他人的方式。
團體活動	進行互相回應友伴想法與興趣的團體遊戲。 →		
小組活動	小組討論可發展的活動遊戲，引導幼兒逐一體驗小朋友提出的不同玩法。 →		
日常生活	鼓勵幼兒讚賞好友、回應他人需求。	隨機善用生活事件與幼兒分享如何回應友伴想法的例子，稱讚幼兒的禮貌表現。 →	
教師省思	經常與幼兒討論教師知覺幼兒的想法與興趣，省思自己是否能即時回應幼兒。	示範對人有禮貌的行為舉止和話語。 →	

表9-17 幼兒遊戲評量資料的教學運用（四）

課程目標	社-2-2　同理他人，並與他人互動		
學習指標	社-中-2-2-4　運用合宜的方式解決人際衝突		
評量項目	運用協商的合宜方式，解決友伴間的衝突		
	初始行為	進步中行為	進階行為
幼兒遊戲行為進展	面對人際問題或衝突，大多直接表示不悅，要求他人修正其行為。	能向同儕提議避免衝突的方法。	在老師的引導下，會練習用口語協商問題，或利用表決等策略解決衝突。
學習區遊戲輔導	幼兒遊戲發生衝突時，老師適時介入，引導幼兒先到一旁冷靜後，進行協商。	幼兒遊戲發生衝突時，在安全無慮狀況下，鼓勵幼兒練習自行協商，與幼兒討論解決對策。	鼓勵幼兒自行協商問題，老師視狀況是否介入，或即時稱讚幼兒會運用良好策略解決衝突。
團體活動	透過問題或衝突狀況的扮演情境，引導幼兒依照不同狀況設想適當解決方法，並模擬演練。	⟶	
	共同閱讀關於人際問題或衝突解決的圖書。	團體討論衝突發生的可能後果，以及預防衝突發生的策略。	⟶
小組活動	活動過程中，讓幼兒有機會彼此協商活動的方式。	⟶	
日常生活	檢視教室環境與資源的規劃，避免容易造成幼兒衝突的因素。	遇到幼兒發生衝突事件時，隨時進行機會教育。	⟶
教師省思	經常具體示範如何溝通、協商與加入遊戲的方式，如教師加入幼兒遊戲時，也要以身作則，先禮貌地詢問是否可以加入。	遇到幼兒發生衝突時，避免急於或過多介入，讓幼兒有練習解決衝突的機會。	⟶

二、與家長溝通的遊戲評量資料

　　教師在做一學期或學年的總結性評量時，除了可採用如前述的總結性評量表之外，亦可採用家長較能瞭解的敘述語言，與家長溝通分享有關幼兒發展和學習的描述性評量資料。例如，根據表 9-13「遊戲的總結性評量表」中學習表現等級情形，可改用敘述的語言，摘要式舉例描述幼兒這一學期或學年各類核心素養特別明顯的學習表現重點，並針對和因應各項學習表現重點，提供家長持續輔導幼兒的重點建議，亦可做為日後親師合作輔導幼兒的參考方向。表 9-18「與家長溝通的幼兒遊戲評量資料」即是將表 9-13「遊戲的總結性評量表」改寫成與家長溝通的描述性資料，包括各類核心素養的學習表現重點和輔導建議，提供家長運用參考。

表9-18　與家長溝通的幼兒遊戲評量資料

核心素養	學習表現重點	輔導建議
覺知辨識	小楷能知覺日常生活或遊戲的基本規則，有時還會告訴小朋友為什麼要遵守規則。例如，告訴小朋友為什麼到各遊戲區玩的時候要先插上自己的名牌。	小楷在生活中能注意到自己和他人的關係及規則，日常在有關人際規則的情況中，可適時和小楷討論這些規則訂定的理由，讓小楷更加理解為什麼需要有規則。
表達溝通	小楷常藉著畫圖表現自己的生活經驗，圖像雖然不是很細緻，但大多能表達出自己的情感或想法。例如，在母親節送媽媽康乃馨的蠟筆畫中，畫出自己與媽媽收到花時都很開心的笑容，並告訴老師：「媽媽很喜歡花喔！」	小楷畫圖時，可和小楷談談他想畫的相關生活經驗或想法，沒有畫出的部分，可建議小楷再運用線條、形狀或色彩畫出細節，更細膩地表現出自己的經驗、想法和感受。
關懷合作	小楷有時願意關心小朋友的需求，並願意協助小朋友解決問題。例如，小朋友收拾積木發生爭執時，會建議小朋友如何收拾積木的方式，就可以避免爭執。	小楷經常能和小朋友和諧相處，並且願意關心和協助他人，可隨時繼續鼓勵並稱讚小楷對他人的關懷和協助，讓小楷關懷的助人行為能隨時隨地持續展現。

表9-18　與家長溝通的幼兒遊戲評量資料（續）

核心素養	學習表現重點	輔導建議
推理賞析	小楷有時能運用自己既有的知識和經驗，分析事情或問題形成的原因。例如，在烹飪區包水餃時，會運用跟媽媽一起包過水餃的經驗，告訴小朋友包水餃的步驟和要點。	日常可多提供小楷各種各樣的生活經驗和圖書資訊，增進小楷分析事理的先備經驗和知識，並多和小楷討論日常發生的事情或問題的前因後果，讓小楷更加增進分析推理的能力。
想像創造	小楷經常能發揮想像力，隨興透過各種扮演媒介，進行獨特的創作。例如，用積木組裝成一根長棍，想像成是一根魔法棒，能把自己變成公主或變出城堡。	小楷的想像力豐富，較常表現在戲劇的角色扮演，可提示小楷更細膩運用表情、動作、口語和物品，進行更多樣的扮演方式。
自主管理	小楷能運用手指進行簡易的操作，但較為精細的動作活動，常需要老師協助才能調整自己的行動。例如：在製作寶可夢球時，需要老師協助如何調整拿剪刀剪膠帶的動作。	家裡可提供小楷較需要抓、握、扭轉、揉、捏的精細動作的用具、器材，或家事活動（如：切水果、扭乾衣服、揉捏麵粉糰），藉以多練習協調與控制手指小肌肉的精細動作。

第十章

結語：遊戲和幼兒課程的相遇

　　遊戲，是幼兒成長過程中自然存在的現象和需要，在幼兒教育領域具有重要的意義，本書從課程設計的理論基礎和方法技術兩個層面，探究遊戲遇見了幼兒課程，遊戲如何融合在幼兒園課程的理論概念和實施過程。綜合以上各章節所論，最後扼要列舉遊戲和幼兒園課程相遇的情景，包括幼兒園遊戲課程發展的概念取向，以及遊戲如何在幼兒園課程的實施過程中定位，做為本書之總結。

一、遊戲遇見課程概念的取向

　　從學理概念上歸納遊戲與課程概念相遇的取向，遊戲如遇見的是較強調教師傳送特定內容的現代課程概念，其遊戲的方法將受制於教師的傳送介入而較為封閉，遊戲的內容亦較侷限於特定的行為類別；而遊戲如遇見的是較強調學生自我組織學習經驗的後現代課程概念，其遊戲的方法亦將保留較多開放、混沌的特質，其遊戲的內容則可擴展為多元豐富的脈絡內涵以及與文化脈絡相關的文本經驗。針對具體的幼兒園課程活動而言，遊戲如遇見的是現代課程概念，遊戲可能呈現較多教師介入的引導遊戲或指導遊戲；而遊戲如遇見的是後現代課程概念，遊戲即是讓幼兒自己組織經驗的自由遊戲，並可將嬉戲的遊戲特質延伸到教學中而成為遊戲教學。

二、遊戲遇見幼兒課程發展的取向

遊戲如遇見的是較強調教師傳送特定內容的現代課程，其遊戲概念取向將較為封閉和侷限於特定的行為類別，遊戲目標預定於遊戲教學的目標，遊戲內容侷限於特定的行為類別或教材內容，遊戲組織型態趨向於較多外在控制和動機的指導遊戲、假似遊戲之工作，或工作，遊戲評量較針對預定的特定目標；另一方面，遊戲如遇見的是較強調學生自我組織學習經驗的後現代課程，其遊戲概念取向將較為開放、多元、脈絡化，遊戲目標可在遊戲過程中彈性創新、隨機浮現，遊戲內容可擴展為多元豐富脈絡化的經驗，遊戲組織型態趨向於較多內在控制和動機的自由遊戲或引導遊戲，幼兒在遊戲過程中組織學習經驗，遊戲評量能真實反映幼兒全面的發展和學習經驗。

三、幼兒遊戲課程實施的取向

自發產生、自由選擇、熱烈參與、彈性發展、積極互動且樂在其中的遊戲概念融入幼兒園的課程中，遊戲課程實施的取向即是趨向於個別化的經驗取向、過程取向、幼兒取向，以及適合幼兒發展和主動學習的發展取向。遊戲課程的經驗取向，強調課程是幼兒與環境中人事物交互作用的所有經驗，每位幼兒在遊戲環境中的經驗不同，因而均有其自己的課程；遊戲課程的過程取向，強調遊戲是幼兒生長或發展的過程，可能產生各式各樣有變化的學習結果；遊戲課程的幼兒取向，強調幼兒此時此地的興趣、需要、能力是課程設計的核心，課程組織著重於幼兒經驗的統整；遊戲課程的發展取向，強調遊戲是幼兒發展與學習的重要媒介，幼兒可在遊戲的人際社會互動中建構知識和提升發展水準。

四、幼兒園遊戲課程的實施方式

根據幼兒遊戲課程實施的取向，遊戲課程在環境空間、時間安排、教師角色、課程計畫和幼兒評量方面的實施重點如下所列：

（一）環境空間方面

　　安排開放的遊戲環境，各種遊戲區的組織和運作需能呈現的性質包括：引發幼兒遊戲的自發性、產生相容共存遊戲行為的相容性、激發創意的互惠性、讓幼兒有所選擇的多樣性、讓幼兒發現物體轉換關係的轉換性，以及增進幼兒社會互動的社會性；遊戲區提供的遊戲材料性質，則需考量其有關幼兒發展與學習的發展性、高低程度的真實性和結構性，以及有關思考的開放性和轉換性。

（二）時間安排方面

　　連續且充分的遊戲時間需成為每日課程的核心時間，讓幼兒從容地建構和變換其自發的遊戲，並發展出社會和認知層次較高的遊戲形式；日常的遊戲時段可包括遊戲之前的計畫時間，讓幼兒計畫和預期當日可能的遊戲方式，接著進行的遊戲時間，讓幼兒自由選擇遊戲區和遊戲材料，彈性運用和延伸變換之前的遊戲計畫，以及遊戲結束之後的回顧時間，讓幼兒整理和分享當日的遊戲經驗。

（三）教師角色方面

　　教師隨時注意觀察幼兒遊戲，配合幼兒的發展水準適時鷹架幼兒的遊戲，鷹架支持的方式包括發問或提示的語言支持、增添或示範材料的支持，或是以幼兒玩伴的角色參與幼兒的遊戲；參與遊戲的方式包括陪幼兒玩的平行遊戲、和幼兒一起玩的共同遊戲，以及教幼兒如何玩的遊戲教導，藉以提升幼兒更高層次的能力水準。

（四）課程計畫方面

　　採行過程取向的課程計畫方式，計畫幼兒可能的遊戲方向或潛在的學習機會，運用較廣泛包含幼兒發展和學習的一般性課程目標，擬訂幼兒在各個遊戲區可能的學習方向，並安排可提供幼兒學習機會的遊戲材料，讓幼兒連結其個別不同的遊戲目標；配合幼兒園教學的幼兒遊戲經驗計畫，基本上需保持和容許遊戲的自

發性和多樣性。

（五）幼兒評量方面

　　採行遊戲為本的非正式評量，教師觀察描述幼兒遊戲行為中呈現的各種學習表現，透過日常的遊戲軼事記錄、形成性評量表，以及學期或學年的總結性評量表，持續蒐集和記錄每位幼兒的遊戲行為和學習表現；並可融入動態評量的方式，同時呈現教師的引導協助和幼兒的回應表現；遊戲評量的資料，可運用於計畫個別化的教學以及與家長溝通幼兒學習與輔導的訊息。

　　綜合上述總結之遊戲遇見課程概念的取向、遊戲遇見幼兒課程發展的取向、幼兒遊戲課程實施的取向，以及幼兒園遊戲課程的實施方式，即整合成遊戲和幼兒園課程的相遇情景以及遊戲在幼兒園課程的實施定位，並建構成本書所謂幼兒園遊戲課程之理論與實施的完整景象。

參考文獻

中文部分

王文科（1988）。**課程論**。臺北市：五南。

中華民國課程與教學學會（主編）（2000）。**課程統整：理論篇**。臺北市：教育部。

四季文化編輯群（2006）。**幼兒、食物、玩藝術：方案教學中的統整性藝術課程**。臺中市：四季文化。

李萍娜（2009）。教師介入幼兒自由音樂遊戲策略之研究。**藝術教育研究，18**，33-64。

宋敏慧、胡淑美、李宗文（2009）。鹿野鄉立托兒所實施多元文化的教學活動分享。**幼兒教育，295**，48-63。

林玉体（譯）（1996）。J. Dewey 著。**民主與教育**。臺北市：師大書苑。

林育瑋、洪堯群、陳淑娟、彭欣怡（譯）（2003）。J. H. Helm & L. G. Katz 著。**小小探索家：幼兒教育中的方案教學**。臺北市：華騰文化。

林玫君（1996）。**遊戲課程在幼教師資培育機構中地位分析**。行政院國家科學委員會專題研究計畫成果報告（編號：NSC85-2413-H-024-006）。

林宣妤（2006）。**運用創造性戲劇於幼稚園情緒教育之行動研究**。國立臺南大學幼兒教育學系碩士論文，未出版，臺南市。

林美華（2004）。**閱讀演奏會——探索幼兒教室裡的圖畫書閱讀遊戲**。國立臺東大學兒童文學研究所碩士論文，未出版，臺東市。

幸曼玲、楊金寶、柯華葳、丘嘉慧、蔡敏玲、金瑞芝、簡淑真、郭李宗文、林玫君、倪鳴香、廖鳳瑞（2015）。**幼兒園教保活動課程手冊（下冊）**。臺中市：教育部國民及學前教育署。

馬燕（譯）（2002）。G. Mindes, H. Ireton, & C. Maradell-Czudnowski 著。**幼兒評

量。臺北市：洪葉文化。

高敬文（1987）。發現學習課園的基本理念。載於信誼基金會（主編），**教師手冊——從發現學習邁向統合教學**（頁 10-15）。臺北市：信誼。

陳正乾（1998）。**從詮釋的觀點研究兒童遊戲與學前教育課程的關係**。行政院國家科學委員會專題研究計畫成果報告（編號 NSC85-2418-H-133-001）。

莊雅萍（2008）。**國小生活課程運用遊戲教學於學童社會互動之行動研究**。國立臺北教育大學課程與教學研究所教學碩士班碩士論文，未出版，臺北市。

張佳琳（2004）。當教學作為一種自由遊戲——Derrida解構思想的啟示。**課程與教學季刊**，**7**（4），13-26。

張麗芬（2008）。**遊戲課程對幼兒移動性動作技能之影響**。國立臺北教育大學體育學系碩士論文，未出版，臺北市。

教育部（2013）。**學前教保法令選輯**。臺北市：作者。

教育部（2016）。**幼兒園教保活動課程大綱**。臺北市：作者。檢索於 2016 年 12 月 25 日，取自全國教保資訊網，網址：http://www.ece.moe.edu.tw/wp-content/uploads/2016/12

黃又青（譯）（1998）。V. G. Paley 著。**男孩與女孩：娃娃家的超級英雄**。新北市：光佑文化。

黃永和（2001）。**後現代課程理論之研究：一種有機典範的課程觀**。臺北市：師大書苑。

黃政傑（1985）。**課程改革**。臺北市：漢文。

黃政傑（1991）。**課程設計**。臺北市：東華。

黃炳煌（1984）。**課程理論之基礎**。臺北市：文景。

黃瑞琴（1991a）。幼稚園園長的教室觀點之研究。**國立臺北師範學院學報**，**4**，681-716。

黃瑞琴（1991b）。從建構論的觀點檢視幾個幼教教學現象。**國民教育**，**32**（3，4），2-5。

黃瑞琴（1993）。**幼兒的語文經驗**。臺北市：五南。

黃瑞琴（2009）。當遊戲遇見幼兒課程。**教育研究與發展期刊，5**（2），27-54。

黃瑞琴（2010）。幼兒的遊戲主題脈絡。**國民教育，50**（6），14-21。

黃瑞琴（2015）。**幼兒園讀寫萌發課程**。臺北市：五南。

黃顯華、徐慧璇（2006）。臺灣課程改革理論基礎再思。**課程研究，1**（2），21-45。

詹佳惠（譯）（1998）。V. G. Paley 著。**想像遊戲的魅力：茉莉在幼兒園的成長故事**。新北市：光佑文化。

詹棟樑（1979）。從兒童人類學的觀點看兒童教育。載於中國教育學會（主編），**兒童教育研究**（頁 59-86）。臺北市：幼獅。

楊世華（譯）（2008）。G. Gronlund 著。**活用幼兒學習指標——連結教學、課程與學習指標**。臺北市：華騰文化。

劉玉燕（1990）。整體角落教學法——戲劇為主導。**佳美幼稚園園刊，32**，3-15。

劉玉燕（1995）。整體角落教學——戲劇為主導。載於佳美、新佳美幼稚園老師、家長（合著），**與孩子共舞**（頁 129-191）。新北市：光佑文化。

劉玉燕（2003）。傳統到開放——佳美主題建構教學的發展歷程。載於簡楚瑛（主編），**幼教課程模式：理論取向與實務經驗**（頁 121-167）。臺北市：心理。

趙佩瑛（2009）。**遊戲中評量幼兒社會互動能力之行動研究**。國立臺北教育大學幼兒與家庭教育學系碩士論文，未出版，臺北市。

臺灣省政府教育廳（1991）。**幼兒學習活動設計參考資料**。臺中縣：作者。

漢菊德（2000）。**方案教學與幼兒學習表現之研究**。臺北市南海實驗幼稚園專案報告。

漢聲雜誌社（1978）。**中國童玩專集**。臺北市：漢聲。

廖鳳瑞、萊素珠、謝文慧、陳姿蘭、林怡滿、陳欣希（譯）（2016）。O. McAfee, D. J. Leong, & E. Bodrova 著。**幼兒發展學習的評量與輔導**。臺北市：華騰文化。

歐用生（1985）。**課程發展模式探討**。高雄市：復文。

歐用生（1986）。**課程發展的基本原理**。高雄市：復文。

歐用生（2006）。**課程理論與實踐**。臺北市：學富文化。

賴美玟（2007）。**幼兒假扮遊戲呈現之心智理論研究**。國立臺北教育大學幼兒教育學系碩士論文，未出版，臺北市。

盧素碧（1990）。中日新頒幼稚園課程標準之剖析。**家政教育**，**11**（3），18-33。

盧素碧（2003）。單元教學。載於簡楚瑛（主編），**幼教課程模式：理論取向與實務經驗**（頁 7-53）。臺北市：心理。

英文部分

Alward, K. R. (1973). *Arranging the classroom for children*. San Francisco, CA: Far West Laboratory for Educational Research and Development.

Athey, I. (1988). The relationship of play to cognitive, language, and moral development. In D. Bergen (Ed.), *Play as a medium for learning and development: A handbook of theory and practice* (pp. 81-101). Portsmouth, NH: Heinemann.

Bennett, N., Wood, L., & Rogers, S. (1997). *Teaching through play: Teacher's thinking and classroom practice*. Buckingham, United Kingdom: Open University press.

Bentzen, W. R. (2005). *Seeing young children: A guide to observing and recording behavior*. Albany, NY: Delmar.

Bodrova, E., & Leong, D. J. (2007). *Tools of the mind: The Vygotskian approach to early childhood education*. Upper Saddle River, NJ: Pearson Education.

Broadhead, P., Howard, J., & Wood, E. (2010). *Play and learning in the early years: From research to practice*. Los Angeles, CA: SAGE.

Brown, J. (1975). *Managing the preschool classroom: Preschool-third grade*. San Francisco, CA: Far West Laboratory for Educational Research and Development.

Bruner, J. (1972). The nature and uses of immaturity. *American Psychologist, 27*, 687-708.

Bruner, J. (1996). *The culture of education*. Cambridge, MA: Harvard University Press.

Casey, M. B., & Lippman, M. (1991). Learning to plan through play. *Young Children, 45*

(4), 52-58.

Ceci, S. J. (1993). Contextual trends in intellectual development. *Developmental Review*, *13*, 403-435.

Chaille, C. M., & Davis, S. M. (2016). *Integrating math and science in early childhood classrooms through big ideas: A constructivist approach*. Upper Saddle River, NJ: Pearson Education.

Christie, J. F., & Johnsen, E. P. (1983). The role of play in social-intellectual development. *Review of Educational Research, 53*(1), 93-115.

Christie, J. F., Johnsen, E. P., & Peckover, R. B. (1988). The effects of play period duration on children's play patterns. *Journal of Research in Childhood Education, 3*, 123-131.

Clandinin, D. J., & Connelly, F. M. (1992). Teacher as curriculum maker. In P. W. Jackson (Ed.), *Handbook of research on curriculum* (pp. 363-401). New York: Macmillan.

Clark, C. M., & Peterson, P. L. (1986). Teachers' thought processes. In M. C. Wittrock (Ed.), *Handbook of research on teaching* (pp. 255-296). New York: Macmillan.

Clark, C. M., & Yinger, R. J. (1980). *The hidden world of teaching: Implications of research on teacher planning*. (ERIC Document Reproduction Service No. ED191844)

Collard, R. R. (1976). Exploration and play. In B. S. Sminth (Ed.), *Play and learning* (pp. 45-68). New York: Gardner Press.

Copple, C., & Bredekamp, S. (2009). *Developmentally appropriate practice in early childhood program serving children from birth through age 8*. Washington, DC: National Association for the Education of Young Children.

Day, D. E. (1983). *Early childhood education: A humam ecological approach*. Glenview, IL: Scoot, Foresman and Company.

Decker, C. A., & Decker, J. R. (1984). *Planning and adminsitering early childhood*

programs. Columbus, OH: Charles E. Merrill.

DeVries, R. (1987). *Programs of early education: The constructivist view*. New York: Longman.

DeVries, R. (2001). Transforming the "play-oriented curriculum" and work in constructivist early education. In A. Goncu & E. L. Klein (Eds.), *Children in play, story, and school* (pp. 72-107). New York: The Guilford Press.

Dockett, S., & Meckley, A. (2007). What young children say about play at school: United States and Australia comparisons. In D. J. Sluss & O. S. Jarrett (Eds.), *Investigating play in the 21ˢᵗ Cenutury. Play and culture studies* (Vol.7) (pp. 88-113). Lanhan, MD: University Press of America.

Doyle, A., Connolly, J., & Rivest, L. (1980). The effect of playmate familiarity on the social interactions of young children. *Child Development, 51*, 217-223.

Ervin-Tripp, S. (1991). Play in language development. In B. Scales, M. Almy, A. Nicolopoulou, & S. Ervin-Trip (Eds.), *Play and the social context of development in early care and education* (pp. 84-79). New York: Teachers College, Columbia University.

Factor, J. (2009). It's only play if you get to choose: Children's perceptions of play and adult intentions. In C. D. Clarke (Ed.), *Transactions at play. Play and culture studies* (Vol.9)(pp. 129-146). Lanhan, MD: University Press of America.

Fenson, L. (1985). The developmental progression of exploration and play. In C. C. Brown & A. W. Gottfried (Eds.), *Play interactions: The role of toys and parental involvement in children's development* (pp. 31-38). Skillman, NJ: Johnson & Johnson.

Forman, G. (1987). The constructivist perspective. In J. L. Roopnarine & J. E. Johnson (Eds.), *Approaches to early childhood education* (pp. 71-83). Columbus, OH: Merrill.

Forman, G., & Fosnot, C. T. (1982). The use of Piaget's constructivism in early childhood education programs. In B. Spodek (Ed.), *Handbook of research in early childhood education* (pp. 185-211). New York: The Free Press.

Forman, G., & Kuschner, D. (1984). *The child's construction of knowledge: Piaget for teaching children*. Washington, DC: National Association for the Education of Young Children.

Fortes, M. (1970). Social and psychological aspects of education in Taleland. In J. Middleton (Ed.), *From child to adult: Studies in the anthropology of education* (pp. 14-74). Austin, TX: University of Texas Press.

Fromberg, D. P. (1987). Play. In Seefeldt, C. (Ed.), *The early childhood curriculum: A review of current research* (pp. 35-74). New York: Teachers College Press.

Fromberg, D. P. (1990a). Play issues in early childhood education. In C. Seefeldt (Ed.), *Continuing issues in early childhood education* (pp. 223-243). Columbus, OH: Merrill.

Fromberg, D. P. (1990b). An agenda for research on play in early childhood education. In E. Klugman & S. Smilansky (Eds.), *Children's play and learning: Perspectives and policy implications* (pp. 235-249). New York: Teachers College Press.

Frost, J. L., Wortham, S. C., & Reifel, S. (2008). *Play and child development*. Upper Saddle River, NJ: Merrill/Prentice Hall.

Garvey, C. (1991). *Play*. Cambridge, MA: Harward University Press.

Goncu, A., Tuermer, U., Jain, J., & Johnson, D. (1999). Children's play as cultural acitivity. In A. Goncu (Ed.), *Children's engagement in the world: Sociocultural perspectives* (pp. 148-170). New York: Cambridge University Press.

Gottfried, A. E. (1985). Intrinsic motivation for play. In C. C. Brown & A. W. Gottfried (Eds.), *Paly interactions: The role of toys and parental involvement in children's development* (pp. 45-52). Skillman, NJ: Johnson & Johnson.

Gullo, D. F. (2006). Alternative means of assessing children's learning in esarly childhood classrooms. In B. Spodek & O. N. Saracho (Eds.), *Handbook of research on the education of young children* (pp. 443-455). Mahwah, NJ: Lawrenc Erlbaum.

Haywood, H. C., & Lidz, C. S. (2007). *Dynamic assessment in practice: Clinical and educational application*. New York: Cambridge University Press.

Hend, T. D. (2001). *Dynamic assessment of young children*. New York: Springer.

Hendrick, J. (2003). *Total learning: Developmental curriculum for the young child*. Upper Saddle River, NJ: Merrill/Prentice Hall.

Holmes, R. M. (1991). Categories of play: A kindergartener's view. *Play and Culture, 4*, 43-50.

Howard, J. (2010). Making the most of play in the early years: The importance of children's perceptions. In P. Broadhead, J. Howard, & E. Wood (Eds.), *Play and learning in the early years: From research to practice*. Los Angeles, CA: SAGE.

Howes, C., & Smith, E. (1995). Relations among child care quality, teacher behavior, children's play activities, emotional security, and cognitive activity in child care. *Early Childhood Research Quarterly, 10*, 381-404.

Hughes, F. P. (2010). *Children, play, and development*. Thousand Oaks, CA: SAGE.

Hutt, D. (1976). Exploration and play in children. In J. S. Bruner, A. Jolly, & K. Sylva (Eds.), *Play: Its role in development and evolution* (pp. 202-215). New York: Basic Books.

Johnson, J. E. (1990). The role of play in cognitive development. In E. Klugman & S. Smilansky (Eds.), *Children's play and learning: Perspectives and policy implications* (pp. 210-234). New York: Teachers College Press.

Johnson, J. E., Christie, J. F., & Wardle, F. (2005). *Play, development, and early education*. Boston, MA: Allyn and Bacon.

Johnson, J. E., Christie, J. F., & Yawkey, T. D. (1987). *Play and early chidhood development*. Glenview, IL: Scott, Foresman and Company.

Johnson, J. E., & Reynolds, G. (1992). *The play's the thing: Teachers' roles in children's play*. New York: Teachers College Press.

Johnson, J. E., Sevimli-Celik, S., & Al-Mansour, M. (2013). Play in early childhood education. In O. N. Saracho & B. Spodek (Eds.), *Handbook of research on the education of young children* (pp. 265-274). New York: Routledge.

Kagan, S. L. (1990). Children's play: The journey from theory to practice. In E. Klugman & S. Smilansky (Eds.), *Children's play and learning: Perspectives and policy implications* (pp. 173-198). New York: Teachers College, Columbia University.

Kaiser, B., & Rasminsky, J. (2003). Opening the culture door. *Young Children, 58*(4), 53-56.

Kamii, C. K., & DeVries, R. (1978). *Physical knowledge in preschool education: Implications of Piaget's theory*. Englewood Cliffs, NJ: Prentice-Hall.

King, N. (1979). Play: The kindergartners' perspective. *Elementary School Journal, 80*, 81-87.

King, N. (1982). Work and play in the classroom. *Social Education, 46*, 110-113.

Lanser, S., & McDonnell, L. (1991). Creating quality curriculum yet not buying out the store. *Young Children, 47*(1), 4-9.

Lauritzen, P. (1992). Facilitating integrated teaching and learning in the preschool setting: A process approach. *Early Childhood Quarterly, 7*(4), 531-550.

Lay-Dopyera, M., & Dopyera, J. E. (1990). The child-centered curriculum. In C. Seefelde (Ed.), *Continuing issues in early childhood education* (pp. 207-222). Columbus, OH: Merrill.

Lieberman, J. N. (1977). *Playfulness: Its relationship to imagination and creativity*. New York: Academic Press.

Manning, K., & Sharp, A. (1977). *Structuring play in the early years at school*. London: Ward lock Educational.

Middleton, J. (1970). *From child to adult: Studies in the anthropology of education*. Austin, TX: University of Texas Press.

Moll, L. C. (1992). *Vygotsky and education*. New York: Cambridge University Press.

National Association for the Education of Young Chidren & National Association of Early Childhood Sperialists in State Departments of Education (NAEYC and NAECS/ SDE) (1991). Guidelines for appropriate curriculum content and assessment in programs serving children ages 3 through 8. *Young children, 46*(3), 21-38.

Nelson, K., & Seidman, S. (1984). Playing with scripts. In I. Bretherton (Ed.), *Symbolic play: The development of social understanding* (pp. 45-57). New York: Academic.

Nicolopoulou, A. (1991). Play, cognitive development, and the social world: The research perspective. In B. Scales, M. Almy, A. Nicolopoulou, & S. Ervin-Tripp (Eds.), *Play and the social context of development in early care and education* (pp. 129-142). New York: Teachers College Press.

Nicolopoulou, A., Mcdowell, J., & Brockmeyer, C. (2006). Narrative play and emergent literacy: Storytelling and story-acting meet journal writing. In D. G. Singer, R. M. Golinkoff, & K. Hirsh-Pasek (Eds.), *Play=learning: How play motivates and enhances children's cognitive and social-emotional growth* (pp. 124-144). New York: Oxford University Press.

Parten, M. B. (1932). Social participation among preschool children. *Journal of Abnormal and Social Psychology, 27*, 243-269.

Pellegrini, A. D. (1998). Play and the assessment of young children. In O. N. Saracho & B. Spodek (Eds.), *Multiple perspectives on play in early childhood education* (pp. 220-239). Albany, NY: State University of New York Press.

Pellegrini, A. D., & Boyd, B. (1993). The role of play in early childhood development and education: Issues in definition and function. In B. Spodek (Ed.), *Handbook of research on the education of young children* (pp. 105-121). New York: Macmillan.

Pepler, D. (1986). Play and creativity. In G. Fein & M. Rivkin (Eds.), *The Young child at play: Reviews of research* (Vol. 4) (pp. 143-153). Washington, DC: National Association for the Education of Young Children.

Peterson, R., & Felton-Collins, V. (1986). *The Piaget handbook for teachers and parents: Children in the age of preschool-third grade.* New York: Teachers Collage Press.

Phyfe-Perkins, E. (1980). Children's behavior in preschool settings: A review of reseach concerning the influence of the physical environment. In L. G. Katz (Ed.), *Current topics in early childhood education* (Vol. 3). Norwood, NJ: Ablex.

Phyfe-Perkins, E., & Shoemaker, J. (1986). Indoor play environments: Research and design implications. In G. Fein & M. Rivkin (Eds.), *The young child at play: Reviews of research* (Vol. 4) (pp. 177-193). Washington, DC: National Association for the Education of Young Children.

Piaget, J. (1962). *Play, dreams, and imitation in childhood.* New York: Norton.

Prescott, E. (1978). Is day care as good as a good home? *Young Children, 33*(2), 13-19.

Reifel, S., & Yeatman, J. (1993). From category to context: Reconsidering classroom play. *Early Childhood Quarterly, 8*, 347-367.

Robison, H. F. (1983). *Exploring teaching in early childhood education.* Boston: Allyn and Bacon.

Rogers, C. S., & Sawyers, J. K. (1990). *Play in the lives of children.* Washington, DC: National Association for the Education of Young Children.

Roopnarine, J., Johnson, J., & Hooper, F. (1994). *Children's play in diverse cultures.* Albany, NY: State University of New York Press.

Roopnarine, J., Lasker, J., Sacks, M., & Stores, M. (1998). The cultural contexts of children's play. In O. N. Saracho & B. Spodek (Eds.), *Multiple perspectives on play in early childhood education* (pp. 194-219). Albany, NY: State University of New York Press.

Rosenblatt, D. (1977). Developmental trends in infant play. In B. Tizard & O. Harvey (Eds.), *The biology of play.* Philadelphia: Lippincott.

Rubin, K. H., Fein, G. G., & Vandenberg, B. (1983). Play. In E. M. Hetherington (Vol Ed.), P. H. Mussen (Ed.), *Handbook of child psychology: Socialization, personality, and social development* (pp. 693-774). New York: John Wiley & Sons.

Rubin, K. H., Watson, K. S., & Jambor, T. W. (1978). Free-Play behaviors in preschool

and kindergarden children. *Child Development, 49*, 534-536.

Saracho, O. N., & Spodek, B. (1998). *Multiple perspectives on play in early childhood education*. Albany, NY: State University of New York Press.

Saunders, R., & Bingham-Newman, A. M. (1984). *Piagetian perspective for preschools: A thinking book for teachers*. Englewood Cliffs, NJ: Prentice-Hall.

Sawyer, R. K. (1997). *Pretend play as improvisation: Conversation in the preschool classroom*. Mahwah, NJ: Erlbaum.

Scales, B., Almy, M., Nicolopoulou, A., & Ervin-Tripp, S. (1991). Defending play in the lives of children. In B. Scales, M. Almy, A. Nicolopoulou, & S. Ervin-Tripp (Eds.), *Play and the social context of development in early care and education* (pp.15-31). New York: Teachers College Press.

Schrader, C. A. (1990). Symbolic play as a curricular tool for early literacy development. *Early Chldhood Research Quarterly, 5*(1), 79-103.

Schwartz, S. L., & Robison, H. F. (1982). *Designing curriculum for early childhood*. Boston: Allyn and Bacon.

Schwartzman, H. B. (1978). *Transformations: The anthropology of children's play*. New York: Plenum.

Singer, D., Colinkoff, R. M., & Hirsh-Pasek, K. (2006). *Play=learning: How play motivates and enhances children's cognitive and social-emotional growth*. New York: Oxford University Press.

Smilansky, S. (1968). *The effects of sociodramatic play on disadvantaged preschool children*. New York: John Wiley & Sons.

Smith, P. K. (1988). Children's play and its role in early development: A re-evaluation of the "play ethos". In A. D. Pellegrini (Ed.), *Psychological bases for early education* (pp. 207-226). Chichester, NY: John Wiley & Sons.

Smith, P. K. (2010). *Children and play*. Oxford: Wiley-Blackwell.

Sponseller, D. (1982). Play and early education. In B. Spodek (Ed.), *Handbook of research in early childhood education* (pp. 215-241). New York: The Free Press.

Spodek, B., Saracho, O. N., & Davis, M. D. (1987). *Foundations of early childhood education*. Englewood Cliffs, NJ: Prentice-Hall.

Spradley, J. P. (1980). *Participant observation*. New York: Holt, Rinehart and Winston.

Sutton-Smith, B. (2001). *The ambiguity of play*. Cambridge, MA: Harvard University Press.

Tegano, D., & Burdette, M. (1991). Length of activity period and play behaviors of preschool children. *Journal of Research in Childhood Educastion, 5*, 93-98.

Tizard, B. (1977). Play: The child's way of learning? In B. Tizard & D. Hervey (Eds.), *Biology of play* (pp. 199-208). London: Spastics International Pulbications.

Tzuriel, D. (2000). Dynamic assessment of young children: Educational and intervention perspectives. *Educational Psychology Review, 12*(4), 385-435.

Tzuriel, D. (2001). *Dynamic assessment of young children*. New York: Springer.

Vandenberg, B. (1986). Play theory. In G. Fein & M. Rivkin (Eds.), *The young child at play: Reviews of research* (Vol. 4) (pp. 17-27). Washington DC: National Association for the Education of Young Children.

Vander Ven, K. (1998). Play, proteus, and paradox: Education for a chaotic and super symmetric world. In D. Fromberg & D. Bergen (Eds.), *Play from birth to twelve and beyond: Contexts, perspectives, and meanings* (pp. 119-132). New York: Garland.

Vygotsky, L. S. (1977). Play and its role in the mental development of the child. In M. Cole (Ed.), *Soviet developmental psychology* (pp. 76-99). White Plains, NY: M. E. Sharpe.

Vygotsky, L. S. (1978). *Mind in society: The development of higher psychological processe* (translated and edited by M. Cole, V. John-Steiner, S. Scribner, & E. Souberman). Cambridge, MA: Havard University Press.

Walling, L. S. (1977). Planning an environment: A case study. In S. Kritchevsky & E. Prescott (Eds.), *Planning environments for young children: Physical space* (pp.

44-51). Washington, DC: National Association for the Education of Young Children.

Weber, E. (1984). *Ideas influencing early childhood education: A theoretical analysis.* New York: Teachers College Press.

Weikart, D. P., & Schweinhart, L. J. (1987). The High/Scope cognitively oriented curriculum in early education. In J. L. Roopnarine & J. E. Johnson (Eds.), *Approaches to early childhood edcation* (pp. 253-268). Columbus, OH: Merrill.

Wing, L. A. (1995). Play is not the work of the child: Young children's perceptions of work and play. *Early Childhood Research Quarterly, 10*, 223-247.

Wood, E. (2013). *Play, learning and the early childhood curriculum.* Los Angeles, CA: SAGE.

Zigler, E. F. (1987). Formal schooling for four-years-old? In S. L. Kagan & E. F. Ziglar (Eds.), *Early schooling: The national debate* (pp. 27-44). New Haven, CT: Yale University Press.

國家圖書館出版品預行編目（CIP）資料

幼兒園遊戲課程／黃瑞琴著.--三版.
--新北市：心理，2018.04
面；　公分.--（幼兒教育系列；51198）
ISBN 978-986-191-810-5（平裝）

1.學前課程　2.幼兒遊戲

523.23　　　　　　　　　　107000437

幼兒教育系列 51198

幼兒園遊戲課程（第三版）

作　　者：黃瑞琴
執行編輯：高碧嶸
總　編　輯：林敬堯
發　行　人：洪有義
出　版　者：心理出版社股份有限公司
地　　址：231 新北市新店區光明街 288 號 7 樓
電　　話：(02) 29150566
傳　　真：(02) 29152928
郵撥帳號：19293172　心理出版社股份有限公司
網　　址：http://www.psy.com.tw
電子信箱：psychoco@ms15.hinet.net
排　版　者：辰皓國際出版製作有限公司
印　刷　者：辰皓國際出版製作有限公司
初版一刷：2001 年 11 月
二版一刷：2011 年 2 月
三版一刷：2018 年 4 月
三版二刷：2021 年 1 月
ＩＳＢＮ：978-986-191-810-5
定　　價：新台幣 250 元

■有著作權·侵害必究■